［新装復刻版］

アヤワスカー!

人類と植物が和解する世界

AKIRA

ヒカルランド

一度でもいっしょにアヤワスカを飲んだものは魂の家族だ。

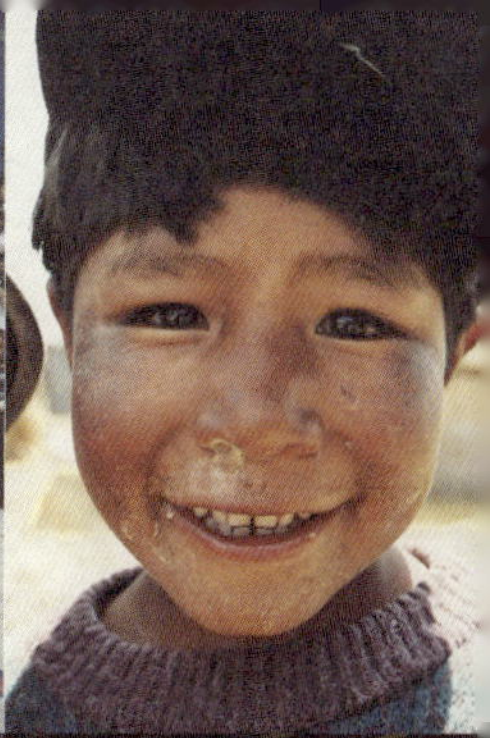
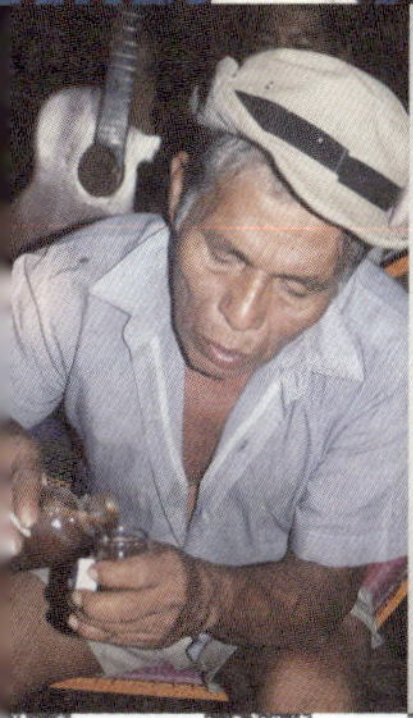

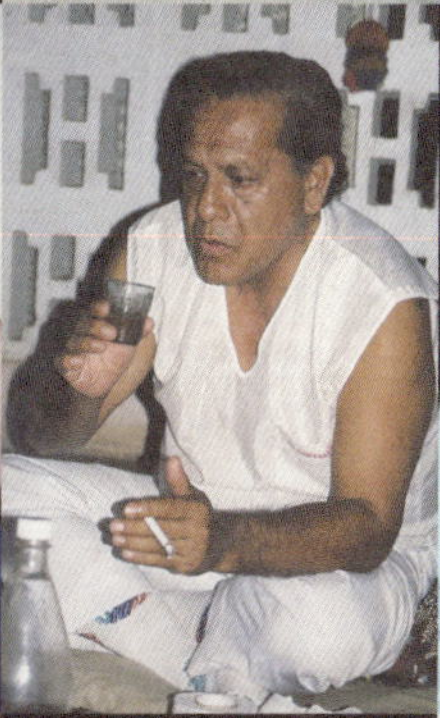

さすがに野性のアヤワスカは大きい。根本が直径二十センチ以上もある蔓《つる》が、十五メートルくらいの木を螺旋《らせん》状にのぼり、つぎつぎとほかの木をつたい、小川のむこうまで届いている。身軽な青年が山刀を口にくわえ、裸足で木をよじ登っていく。頂上で蔓を切り、からまりをほどいていく。根本を切り、根っこも丁寧に掘り出す。あとは全員で綱引きだ。アヤワスカの表皮は荒くざらついているので、なかなか降りてきてはくれない。

「力だけじゃなく、祈りながら引くんだ」

男たちが満身の力と祈りをこめて引く、引く、引く。大きく枝をさざめかせながら、十メートルもの蔓が落ちてきた。今度は小川のほうから残った蔓を引き、二時間もかけて一本のアヤワスカを地に降ろした。

精霊《イカロ》の歌

あなたの心を開きなさい
あなたの感情を解き放ちなさい
わたしは植物の王国から来た
世界を虹で塗るために
あなたの心を開きなさい
あなたの感情を解き放ちなさい
わたしは忘却の川から来た
落とし物を思い出させるために

赤道
ブラジル
ペルー
リマ

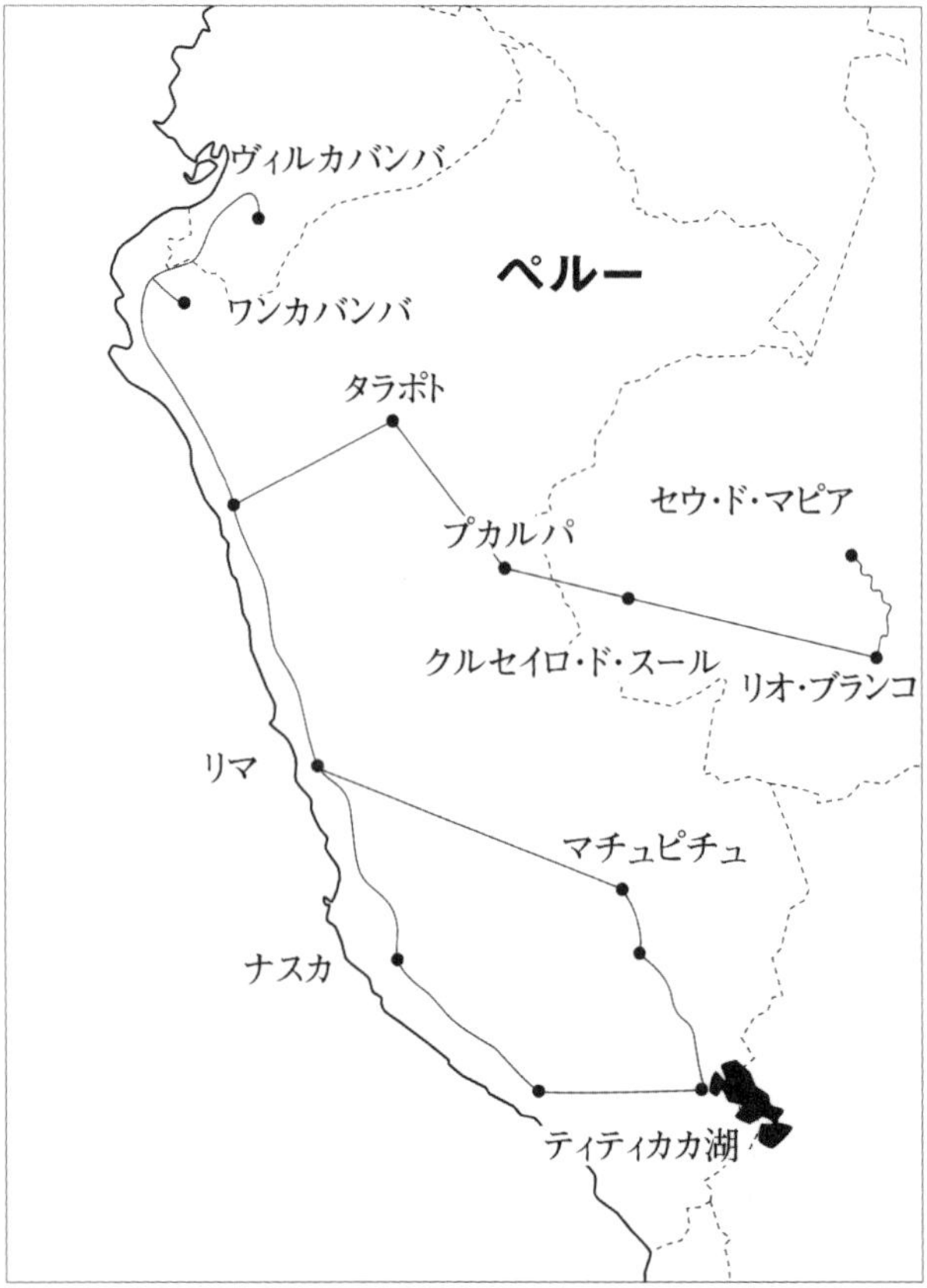
ヴィルカバンバ
ペルー
ワンカバンバ
タラポト
セウ・ド・マピア
プカルパ
クルセイロ・ド・スール
リオ・ブランコ
リマ
マチュピチュ
ナスカ
ティティカカ湖

［新装復刻版］アヤワスカ！　目次

マチュピチュ

煉獄篇　エクアドル、ペルー

ヴィルカバンバ

ワンカバンバ

タラポト

本書は、2001年に講談社より刊行された『アヤワスカ！　地上最強のドラッグを求めて』、2018年にhimalayaBOOKSより刊行された電子書籍版『アヤワスカ！　AYAHUASCA!　インナーヴィジョンの探求』に、特別章と写真を加えた新装復刻版です。

カバーデザイン　吉原遠藤
写真　ＡＫＩＲＡ
企画協力　古田明子、ソーネル
本文仮名書体　文麗仮名（キャップス）

序章　ようこそ、もうひとつの現実へ

僕をアマゾンに導いたのは、信じられない事件だった。

「ブラジルからシャーマンがくるんだ。しかもアヤワスカを持って」

友人から一本の電話がきた。彼が言うには、アヤワスカとは南米熱帯雨林の蔓《つる》植物から作られる強力な幻覚剤で、アマゾンのインディオたちは何千年ものあいだアヤワスカを飲んで神と交信し、心と体の病を癒《いや》してきたという。「心と体の病を癒す」のは勝手だが、「神と交信する」というのが胡散臭《うさんくさ》い。

「ａ……ｙａ……ｗａｓｕｋａ」

僕はその不思議な響きが気にかかり、ネットで検索《けんさく》してみた。

なになに、アヤワスカは一種の臨死体験……安易に摂取して何年も精神錯乱からもどれなくなった人もいる……ある男は自らの耳をナイフで削《そ》ぎ、腹にナイフをつきたてて切腹した……おいおい、物騒だな。なにＬＳＤ《エルエスディー》の数百倍もの強さだって！　すすりかけたネスカフェを噴き出しそうになる。そんなすごいドラッグがこの世に存在するわけねえだろ。

僕だって素人じゃない、というか——もと麻薬中毒患者《ジャンキー》だった。

一九八〇年代、二十三歳のときニューヨークに移り住んだ僕は、いきなり美術作品をつくりはじめる。日本の美術学校など出ていない僕にとって、学校はストリート、先生はドラッグだった。LSD、エクスタシー、メスカリン、マジックマッシュルームなどの幻覚剤によって、人間の意識がどれだけ拡大できるかを自分自身で人体実験していたようなもんだ。

やがてコカインの売人になり、ヘロインに沈む。社会の底辺に堕《お》ちることによって、黒人、先住民族、ホームレス、娼婦、犯罪者たちから裸の人間の姿を学んだ。

とりあえず今、僕たちはこの肉体をもってる。

不器用きわまりない僕たちの肉体は、痛みと快感をとおしてしか世界を知覚できない。肉体をぼろぼろに酷使してまで、その限界と可能性を知りたい、そんな欲望が僕をドラッグにむかわせたんだと思う。

ドラッグは、危険、犯罪、現実逃避、人格破壊、現代日本ではネガティヴなレッテルのオンパレードだ。

はたしてそれだけなのだろうか？

足を洗って十年以上になるが、「LSDの数百倍もの強さ」というのがプライドをくすぐった。謎の幻覚剤をどうしても自分の肉体で確かめたかったんだ。

セッションは八人の仲間を招いておこなわれた。十二畳ほどの和室をテーブルで区切り、男女別に座らされる。閉め切った障子を透かして早春の採光が染みこんでくる古い日本家屋だった。

ウグイスだろうか、くすぐったいさえずりが僕をリラックスさせる。

　ボスコと名乗る三十代後半のシャーマンは、見るからに白人とインディオの混血だ。鉄鉱色の肌、突き出した頑丈なあご、太い鼻梁《びりょう》、彫り深い瞳にはどこか母性的なやさしさがある。

　シャーマンというと、死者がのりうつる恐山《おそれざん》のイタコや羽飾りをつけて踊り狂う呪術師などのおどろおどろしいイメージがあるが、ボスコは慎み深く洗練された印象を与えた。紺のネクタイに真っ白い背広をまとい、胸には保安官みたいな星型のバッジをつけている。ブラジル人の母国語はポルトガル語だが、ヨーロッパに留学していたボスコはスペイン語や英語も話せる。アメリカに五年、スペインに三年住んでいた僕は通訳をたのまれたが、日本に帰ってきて七年のブランクがある。ボスコはスペイン語を基調に、僕のわからない単語は英語で補い、穏やかな口調で語りはじめた。

「これからわたしたちは深淵の旅に出ます。経験したこともない大いなる試練をくぐるかもしれませんが、ひとつだけ信じて欲しい。精霊《せいれい》が守ってくれる、ということを」

　精霊なんて乙女チックな言葉を通訳するのに、笑いをこらえた。全員が立ちあがり、シャーマンがポルトガル語でイエスや聖母マリアに祈りを捧げる。キリスト教によって祖先からの伝統を奪われたインディオに同情的だった僕は、少なからず落胆した。やはりアマゾンの先住民《ネイティブ》も、心まで売り渡してしまったんだろう。

　これがアヤワスカか。

　白いポリタンクからガラスのコップに緑がかった茶色の液体がそそがれた。シャーマンが感謝の言葉を唱えながら飲み終えると、つぎは僕の番だ。受けとったコップに指の震えが伝わり、かすかに緑がかった水面が波打つ。百五十ccほどあるだろうか、鼻先を近づけても匂いはない。シャーマンを見た。長年ジャングルを見つめつづけてきた眼がうなずく。

一気に飲み干す。

得体の知れない怪物の血の味とは言わないまでも、強烈な苦味と酸味に吐きだしそうになる。黒酢を炭酸でわったような味が食道をこじあけながらくだっていく。ひとりずつ順番に飲んでいく。シャーマンが言うには、アヤワスカには嘔吐《おうと》と下剤の効果もあるので、気分が悪くなったら我慢せずにトイレに行ったほうがいいのだそうだ。なんとか全員が飲み終え、それぞれの座布団にもどる。シャーマンはゆったりとみんなの顔をながめまわすと、飴色《あめいろ》になるまで弾きこんだクラシックギターをもって歌いだした。

聖なる水を飲みなさい
奇跡の力を持つ飲み物を
すべての人々に眠る真実が
今　開かれていく
高く　高く　高く　昇ってゆけ
満ちあふれる喜びとともに
高く　高く　高く　昇ってゆけ

聖なる光にとどくまで

三十分ほどすると、前兆があらわれはじめた。

胃が膨張するような感覚とともに、足の裏と首筋に心地よい冷たさがひろがる。決して眠いわけじゃないのにやたらとあくびが出て、涙やよだれがにじんでくる。湧きあがる痰を何度かポケットティッシュに吐き捨てる。聴覚が敏感になり、鳥の声や風が枝を揺らす音の背後に、砂嵐のようなホワイトノイズが高まっていく。カレンダーなど細かい文字に焦点を合わせるのがむずかしくなり、極彩色の粒子がまぶたの裏を飛び交《か》う。参加者の輪郭や障子の桟《さん》が虹色に分光し、形そのものが歪んでくる。客観的な思考を保つのがおっくうになり、脈絡のない記憶がフラッシュバックする。

子どもの頃いじめた同級生の泣き顔……家出するという手紙を書いて押入に隠れていたときのあわてふためく家族たち……泥雪のブルックリンを走る靴下の冷たさ……ガンで死んでいった母の枕についた髪の毛をガムテープで掃除する父。意識をつなぎ止めることを放棄したとき、目映《まばゆ》い恍惚の世界へと墜落していった。

どれくらいたっただろうか？　突然、玄関の引き戸をあけるレールの摩擦音に現実へと引きずりもどされる。

「ごめんください。新庄電器です」

強力な幻覚のさなかに、しらふの電器屋が訪ねてきたんだ。夢からたたき起こされたみんなの、驚き、とがめる視線が会場の主である友人に突き刺さった。おそらく彼は、冷蔵庫の修理やなにかをたのんだまま忘れていたんだろう。彼が立ちあがりかけたとたん、小さな悲鳴とともに再び玄関が閉まった。あわてて走り去る靴音が遠ざかっていく。

なぜ電器屋が逃げ帰ったのか不思議に思ったが、みんなは無言で顔を見あわせたままそれぞれのトランスにもどっていった。

昼の十二時にはじまったセッションが、夕方六時に終わった。もう幻覚はおさまり、大いなる旅の体験を談笑しあっているときにベルが鳴る。友人が受話器をとると、あの電器屋からだった。

「えっ、白い服を着た三人の男？」友人がすっとんきょうな声をあげる。

受話器を置いた彼をみんなが注視していた。

「一週間もまえにケーブルテレビの予約をしていたんだけど、電器屋が来るのを忘れてた」

「それで、いったい電器屋になにが起こったんだ」

僕の性急な質問に、彼は手の平の脂汗をなんどもジーンズのポケットでぬぐう。

「電器屋が玄関を開けたとたん、白い服を着た三人の男が、立ちふさがってた……」

白い服を着ているやつなどひとりもいないし、玄関には誰も出ていかなかった。シャーマンだけが白いジャケットを着ていたが、あのときは椅子に座ったままだった。

「白い服の男たちが黙ってにらみつけたんで、電器屋は一目散に逃げ帰ったんだってさ」

友人はウソをつくようなやつではないし、なにより彼の狼狽がそれを物語っていた。僕たちが幻覚をみるんだったらわかる。でも一滴もアヤワスカを飲んでない電器屋に幻覚が見えるはずがない。

シャーマンに通訳した。ボスコは驚くどころか、満足そうに微笑《ほほえ》んだ。

「アヤワスカの精霊が護《まも》ってくれたんだよ」

精霊だろうが、オバケだろうが、シャーマンが信じるのは自由だ。でも信じることと、実際に見てしまうことは全然別じゃないか。

「今どき精霊なんているはずないじゃないですか」

失礼もかえりみずシャーマンにくってかかった。しかたがない、僕だって混乱していたんだから。

「はっはっは、そう恐い目で見ないでくれ。わたしが手品や催眠術を使ったわけじゃない。今まで何十回も外国でセッションをやってきたが、こんなことは正直言ってはじめてだよ。おそらく君たちは今日、もうひとつの現実とつながったんだ」

「そんな説明じゃ、納得できません」

しつこくからみつこうとする僕をシャーマンがさえぎった。慈愛と厳しさがからみあう眼が、挑みかかってくる。

「本当に、アヤワスカの秘密を知りたいのなら……アマゾンに来なさい」

地獄篇

ペルー

人生の道半ばで
正しい道を踏みはずした私が
目を覚ましたときは、
暗い森の中にいた。

ダンテ『神曲』地獄篇より
（河出書房刊『世界文学全集』平川祐弘訳）

リマ

第一歌　見捨てられた首都

何度もこの旅をあきらめかけた。
僕は一年に一冊ずつ出す本の印税、年収九十万だけで綱渡りの暮らしをしている。出版社にわたしておいた原稿が半年以上待ったすえ急遽ボツになり、アマゾンへの夢が停電した。健康だけが取り柄の僕がショックで三日間も寝込むくらいだから、この旅への執着は相当なもんだった。
放心状態の頭には、さまざまな情報から集めたイメージがからかうように去来する。
……はちきれんばかりの緑をたたえた熱帯雨林、
……砂漠に描かれた巨大絵画、
……山上にそびえるインカの遺跡、
……シャーマンたちの秘密の儀式。
貯金どころか生活費もなく、三年間の短い作家生活もこれで終りだと絶望した。本のうしろにあるプロフィールには「美術家」と書いてあるが、僕の過激な作品を買ってくれる人はいない。失業率がうなぎ昇りの日本で、いったい誰が血や精子やウンコで描かれた絵画にお金を払うだろう。

僕の惨状を見かねた友人が「温泉旅館に飾る平家物語の絵を描かないか」と、もちかけてきた。五枚で十万円という看板屋より安い値段だが、喜んで飛びついた。一万円札が十枚つまった茶封筒を握りしめ、セブンイレブンで原稿をコピーする。別の出版社に送ると、わずか三日後に電話がきた。

奇跡が起こった。

三ヵ月後に出版、印税の半額四十万円を前借りできるという。

「地獄に仏」とはこのことだ。四十万がつまった白封筒——銀行のディスペンサーに備え付けられている薄緑のインクのやつ——を握りしめ、新宿南口にある格安旅行会社アクロスにかけこんだ。

照準は一九九九年の大晦日《おおみそか》、ジャングルのど真ん中でおこなわれる秘祭だ。千人もがアヤワスカを飲み踊りつづけるなんて、想像さえつかない。

ブラジルのリオデジャネイロから軽飛行機ではいるルートをシャーマンが教えてくれたが、図書館でどんな拡大地図を調べても、祭が開かれる「セウ・ド・マピア」なる地名は見つからなかった。

ブラジル往復が十五万円、軽飛行機の往復が十万円、あわせて二十五万円となる。ペルー往復は十二万円だが、陸路や軽飛行機で国境を越えられるという保証はない。さんざん迷ったあげく、ペルーには豊かなシャーマニズムが残されているというので、旅の経験から回り道を選んだ。こうなったら賭けるしかない。

真冬の太陽に立ち眩《くら》む。

十一月の日本から二十五時間もノースモーキング・シートに監禁され、赤道を越えた。二十年も世界を旅してきて生まれてはじめての南半球、ペルーは真夏なのだ。

リマのホルヘ・チャベス空港を出た瞬間、全身から汗とともに、どっとアドレナリンが噴き出した。タクシーの運ちゃんたちが我先に所有権を獲得しようと、勝手に僕のバックパックをトランクへ入れようとする。国際空港の正面玄関で、玉虫色のダウンジャケットから霜降りグレーのTシャツへ、あわただしいストリップショーを演じる。身軽になった僕は、ミニバスにむかう地元っ子たちを追いかけた。

「旧市街《セントロ》、旧市街《セントロ》」

しわがれ声を張り上げる車掌、魚市場さながらの熱気、未知の旅がはじまった高揚感に背筋がざわめき立つ。

八人乗りのバンに十二人がつめこまれ、汗ばんだ肌をこすりあわせる。インディオの血を濃く残しているペルー人は、凜々《りり》しい東洋人といった顔立ちだ。日本人と同じモンゴロイドの祖先をもつせいか、近所のおばちゃんとそっくりな人がとなりのシートに座っている。

ノイズ割れした後部スピーカーから大音響で女性歌手が熱唱する。フォルクローレの哀愁とラテンの陽気なリズムに胸が高鳴っていく。「神は愛なり」とステッカーのはられた窓から突き出したひじが熱帯の風を切り裂く。ほこりっぽい道沿いに立ち並ぶ日干し煉瓦《れんが》のバラック、砂まみれの洗濯物、バナナやスイカを道ばたで売る子どもたち、牛串屋台のもうもうたる煙、屑鉄屋の荷車、バザールには鮮やかなケープに赤ん坊を背負ったおかみさんや黒いフェルト帽をかぶった老人たちも活《い》き活《い》きとふろしきを広げている。いいぞ、いいぞ、ついに僕は地球の裏側にたどり着いたんだ。

旧市街でバスを降りたとたん、浮かれた気持ちを引き締める。

まずは、ホテル探しだ。重いバックパックを背負い、下町の安宿街を目指す。場違いな高層ビルと植民地時代の荘重な石造建築にはさまれた道は、碁盤の目状にはなっているものの、薄暗く危険の匂いがする。

日本人がペルーと聞いて思い浮かべるのは、遺跡よりもテロだろう。日本大使館襲撃事件や早稲田の冒険部の学生たちがアマゾンで殺された事件などでも知られるとおり、ペルーは長年テロと力に苦しめられてきた。

首都リマの金持ちや中産階級はこぞって海岸沿いのミラフローレス地区へと引っ越してしまい、旧市街はどこか殺伐としている。大統領官邸があるこのあたりは自動小銃を提《さ》げた兵士が一ブロックごとに立ち、ほとんどの窓には鉄格子がはめこまれている。フジモリ大統領（一九九九年当時）の強引なテロ撲滅対策と警察による管理態勢の強化によって、ここ数年みるみる治安が改善された。世界的な遺跡を多く抱えるペルーは、観光に力をいれている。公式の両替屋が道ばたでドルを替え、ツーリストポリスと呼ばれるおまわりさんがホテルまでの道を教えてくれた。

教会のとなりにある煤《すす》けた三階建ての煉瓦ビル、ホテル・エスパーニャは貧乏旅行者の巣窟《そうくつ》だ。部屋は満室だったが、ひとつだけ「王様のピラミッド」が空いているという。ドミトリーよりも安い料金にいぶかりながらも、案内してもらうことにした。

古い美術館を思わせる内装に絵画や骨董品《こっとうひん》が展示されている。二階に飾られている幼児のミイラにぎょっとした。

いくらなんでも廊下にミイラ置くなよ、夜中にトイレ起きれないじゃないか。

天から舞い降りたような螺旋《らせん》階段をのぼると、息を呑んだ。砂漠都市リマの屋上に空中庭園があらわれる。こぼれんばかりの緑を季節の花が彩り、ギリシャ彫刻の複製がたたずみ、五十センチほどのでかい亀が散歩しているではないか。鮮やかなパラソルのしたにビールの空瓶が散乱するカフェ、「アカデミア」という看板のドミトリー、三畳ほどのシングルルーム、便座のついてない洋式トイレ。ペルーの常識のひとつらしいが、トイレットペーパーは流さず横のごみ箱に放りこむ。シャワーの飛沫《ひまつ》で糞が沁みだし、腐ったマンゴーみたいな臭いを漂わせていた。

もちろんこれが最上階だが、トイレのうえにひとつだけ紺色のテントが張ってあった。チャックを開けたとたん猛烈な熱気が噴き出してくる。これじゃ誰も泊まりたくないだろう。ふりむけば、クリストバル山頂の十字架を望む絶景が広がっていた。「王様のピラミッド」とはよく言ったものだ。僕は十二ソル（四百二十円）を払い、見捨てられた首都に君臨することを決めた。

観光、買い物、グルメなど、旅の目的は人それぞれだが、僕の場合はドラッグ。

世界最強の幻覚剤アヤワスカだ。しかしコカインなどとはちがってアヤワスカは合法だし依存性もないので、誰も麻薬とは思っていない。ホテルのオーナーや旅行会社のおねえちゃんはもち

「王様のピラミッド」につづく
天から舞い降りたような
螺旋階段

ろん、掃除のおばちゃんにまで訊《き》いてみたが、リマにはアヤワスカのシャーマンはいないという。都会の人間にとってシャーマニズムなんてのは時代遅れの迷信らしい。「どうして医学やテクノロジーが進んだ日本から、わざわざペルーにシャーマンを探しに来るのだ」と首をひねられた。東京に忍者を探しにきたアメリカ人がいると聞いて笑ったが、他人事じゃない。

旧市街の中心にあるアルマス広場のベンチに座ってコカイン売りを物色した。やはり同業者に訊くのがいちばんだろう。もちろん普通の人には売人《プッシャー》などわかるはずはないが、同じ仕事をやっていた僕にはカンというか匂いでわかる。北側に大統領官邸を控えているだけあって厳重な警戒のなか手売りをするはずがない。ブツはどこかの茂みか、建物のすき間などに隠してあるにちがいない。不特定多数の男と連れだって二度ほど路地に入る男を見つけた。あいつだ、売人は存在感を消す独特の歩き方をする。頬の張り出した小柄な若者はインディオだ。さりげなく近づき、別の方向をむいてささやいた。

「アヤワスカを使うシャーマンを知らないか?」

はじめ男は迷惑そうに顔をしかめたが、ちょっと待ってろと電話をかけに行った。

ベンチの背に両腕を伸ばして厳《いか》めしいカテドラルをながめる。両側に鐘楼《しょうろう》のそそり立つ壮麗な建築は、わずか二百人の軍隊を率いてインカ帝国を征服したフランシス・ピサロが礎石を置いたペルー最古の大聖堂だ。「神の愛を教えるため」という建て前と、「黄金の略奪」という本音《ほんね》が凝縮されている。インディオたちは恐るべき拷問によって改宗させられ、五百年にもおよぶ悲劇の果てに現在国民の九十五パーセントはローマ・カトリックだという。フェルト帽をかぶった老婆が虹色のエプロンで物乞《ものご》いした小銭を集めていた。大地の母パチャママを聖母マリアにおきかえ、インディオたちは今日も熱心な祈りを捧げる。

手持ちぶさたなんで新聞と辞書をとりだした。リマに到着してからというもの僕はスペイン語の猛勉強をしている。殺人死体とヌード写真がカラーページでならぶEL POPULAR紙は、スポ日とか夕刊フジといったところか。スペイン語はカタカナ発音が通じるし、日本人にとっていちばん学びやすい外国語だという。七年間のブランクが日一日と埋まっていく。一度マスターした語学は、忘れていても思い出すのは簡単だ。

「見つかったぞ」

いつのまにか売人が背後に立っていた。

「アマゾンからとりよせた本物のアヤワスカを使うシャーマンだ。今晩十時にボリバル広場に迎えに行くそうだ」

さすがは売人コネクション、おそらく仕入先の親もとに問い合わせたのだろう。僕が電話代と言って十ソル（三百五十円）を差し出すと、皮肉な笑いを浮かべて受け取らなかった。口ひげの真ん中が縫い痕のある傷でとぎれているのにふと気づいた。

第二歌　両腕のない画家

今晩アヤワスカに再会できると思うと、期待より恐怖が先立つ。

また白い服を着た幽霊が出てくるのかな。誘拐されて日本政府が身代金を要求されたりして。男が四人とかいたら車に乗るのはよそう。

テントには鍵がかからないので全財産は常に身につけていないければならない。東急ハンズでそろえた防犯用品に金を分散する。裏側にチャックのついたベルト、臑《すね》に巻きつける貴重品入れ、首からかけるパスポートケースなど、今回の旅はいつになく慎重だ。テント前のベンチにもたれて、しきりにタバコをもみ消す。落ちつけ、落ちつけ、まだ半日もある。

サンフランシスコ教会を見に行くことにした。なにしろホテルのとなりにあるので、いつでも見られると思って一回もなかに入ったことがなかった。一五七四年に完成したアンダルシア様式の教会で、ヨーロッパにある教会のような緻密さと華麗さはないが、卵黄色のペンキで塗られた素朴でどっしりした建物だ。リマっ子にいちばん親しまれている教会らしく、昨晩も聖処女を祝う行事で夜中の三時までバンド演奏と爆竹騒ぎがあったし、今朝もウエディングドレスの花嫁にまかれた米に鳩たちが襲いかかって楽しいパニックを演じていた。

三ソル（百五円）を払って入場する。明るい中庭を囲む回廊は鮮やかなセビリアタイルで彩られ、壁は奇妙な宗教画で埋め尽くされていた。象のごとく腫れあがった病人の足を赤い舌をだしてなめている修道僧の姿には、笑いを通り越して不気味なエロティシズムさえ感じる。円柱のむこうにあらわれた情景に眼を瞠《みは》った。

口に彫刻刀をくわえた男がいたのだ。

ひじの手前でちょん切れた両腕に板をはさんで、一心不乱にレリーフを彫っている。水彩画、ガラス板の裏側から描かれた小物箱、木彫りのレリーフなど、テーブルにはおみやげ用の作品が整然と並べられている。漆黒の巻き毛が汗ばんだ額にはりつき、力強い眉をしかめて創作に没入していた。

異様な外見に驚いたのはたしかだが、無心で芸術に奉仕する執念に圧倒された。おみやげ作品の売り手と買い手じゃない関係で、このアーティストと話したいと思った。

「僕もこんな作品を描いてるんです」

スペイン時代に描いた油絵のカラーコピーをデイパックからとりだした。自分が書いた本は日本語なので彼には通じないし、音楽だって聴く時間がかかる。美術のすごさは、時間を飛び越えてしまうところだ。網膜に映った一瞬で、相手のすべてを理解できる。

彼はカラーコピーを、眼でむさぼった。

首吊り自殺する天使、ピストルをさげ街を徘徊する天使、翼のある猿、牛を殺害する聖処女などの、天使シリーズだ。

「フェリックスと呼んでくれ。アミーゴ、君と会えてうれしいよ」

戸惑った。差し出された右腕の肉塊はわきの下から二十センチしかない。褐色の皮膚が収縮した先端には創作活動でできたタコが散らばっている。躊躇《ちゅうちょ》する僕を辛酸をなめつくした視線が鼓舞する。

ぎゅうっ、と握った。

ひじの手前で切れたフェリックスの腕は……むきだしの性器のように温かかった。

フェリックス

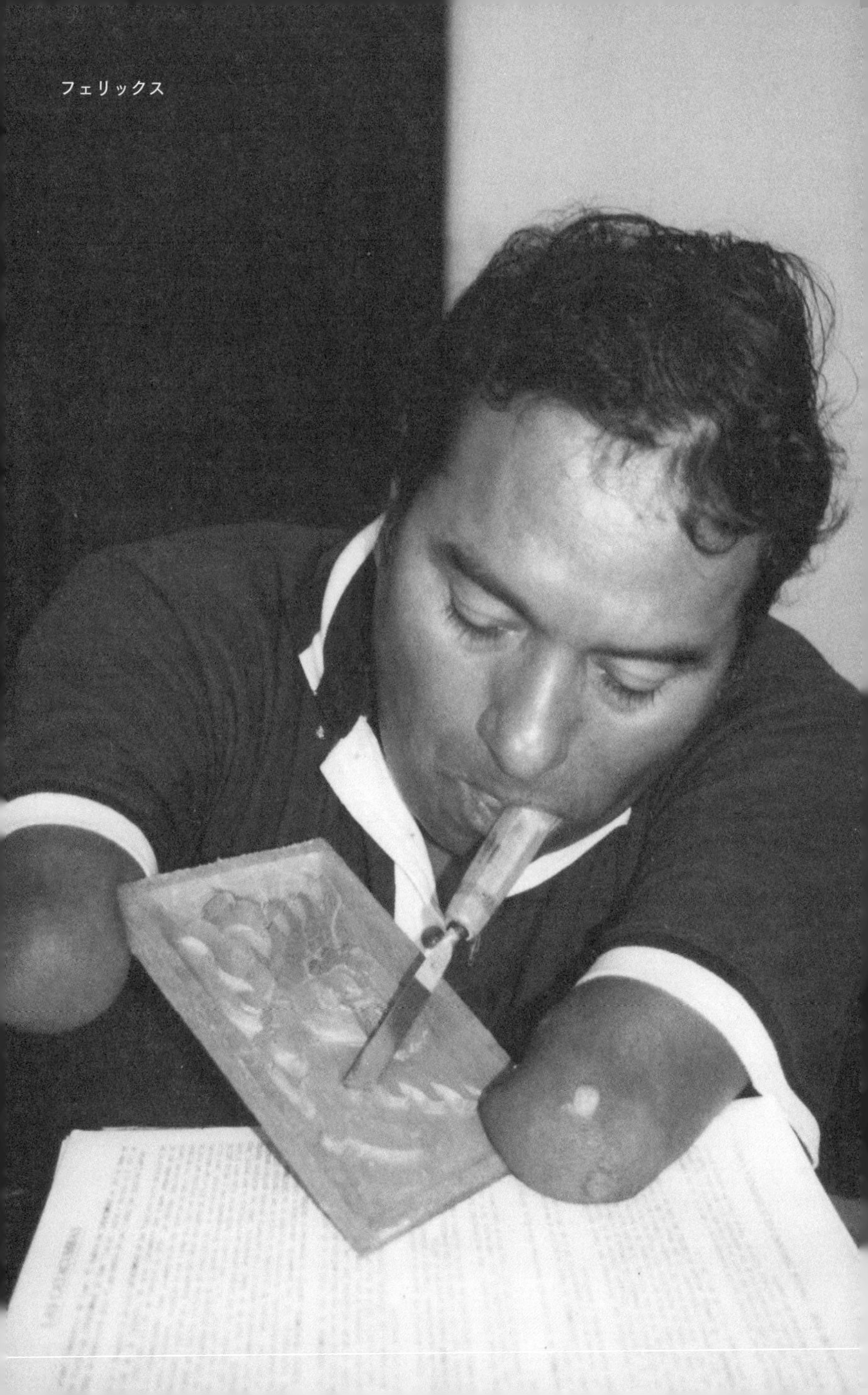

「ここはあと三十分で閉館だ。もう客もいないし、ぼくが案内しよう」

アーティストという共犯者がもつ笑みが初対面の垣根を取り払う。フェリックスは、両腕が灰色のプラスティックにすっぽりはまる松葉杖で立ちあがった。

「さあ、死者の国へ遊びに行こうか」

フェリックスは一歩一歩確かめながら、コンクリートの階段を下りていった。低い天井に背を丸め、冷たい壁をさぐり、黴《かび》臭い空気が重く澱《よど》む薄暗い迷路を裸電球をたよりに進んでいく。ダンテを地獄めぐりに導くヴェルギリウスと、フェリックスが重なってくる。たしか地獄の門にはこう書いてあった。

「この門をくぐるものは、一切の希望を捨てよ」

名作とレッテルを貼られた作品を引用するなんて、イケてねえのはわかってる。でも僕が『神曲』にハマったのには二つの偶然が重なったからだ。スペインへ移住するまえにイタリアのフィレンツェ――ダンテの出身地でもあり、『神曲』が書かれたところ――に住んでいた。たまたま知り合った日本人旅行者に岩波文庫の『神曲』をもらった。半年も日本語を話してない生活のなかで出会った唯一母国語の本だ。ちょうどその日、チリ人の友だちから乾燥させたマジックマッシュルームをもらう。ぬるま湯で一時間もどし、晩から翌日の夕方まで幻覚キノコだけを食べつづけ、『神曲』を読破した。

黒い活字から地獄の亡者たちが立ちあがり、白い余白から硫黄の臭いが噴きあがってくる。色鮮やかな幻覚が確固たるリアリティーをともなって僕を異界に引きずりこんだ。それは読書なんて生やさしいものではなく、実体験そのものだった。

マジックマッシュルームやメスカリンがヨーロッパに伝わったのは十六世紀以降だから、ダンテが幻覚物質を使って書いたはずがないのに、この「トランス文学の古典」が臨死体験やチベットの『死者の書』などとそっくりなのはなぜなのだろう。

「人骨だ！」

煉瓦で区切られた枠にごっそりと骨が詰めこまれていた。それも上腕骨、尺骨、橈骨《とうこつ》などの腕の骨と、大腿骨、脛骨《けいこつ》、腓骨《ひこつ》などの足の骨に分けられている。ここには植民地時代に葬られた二万五千体の骨があるという。

「ぼくが死んでも、腕の骨はとれないな」

フェリックスが闇のなかで苦笑いしたのがわかった。

「交通事故かなにかかい？」僕は訊いた。

ヘラジカの角に似たものは骨盤だ。頭蓋骨の枠はうす汚れたバレーボール置き場さながらだった。

「いや、生まれたときから芋虫さ。かろうじて片足だけは生えていたけど」

命とはなんて不平等なんだろう、生まれた瞬間からフェリックスは絶望的なハンデを背負わされた。

「いいかい、なにかがないってことは、ないいいいいいいいいことを持っているんだ。英語で、金がないってなんてなんて言う？」フェリックスが訊ねてくる。

「ええと、I have no money だよね」

相手の顔がうすぼんやりとしか見えない闇の中で交わす会話は、不安感をつのらせる。

「それは no money を持っているということだ。ぼくは見えない腕を持っている」

地下室の天井に反響する声が、非現実的な振動で迫ってきた。

「現実に縛られないぼくの腕は、むこう側に通じるドアを自由に開けてくれるのさ」

むこう側……もうひとつの現実ってことか？

直径五メートルはあろうかと思われる井戸の底には、恐るべき芸術作品があった。山に盛られた頭蓋骨を中心に大腿骨が放射状に並べられている。水面に落ちた石から波紋が広がるように、頭蓋骨がいく重にも渦を巻く。

「ぼくたちが絵を描くとき、自分で創っているって意識が消えるときがあるだろう？」

このまま井戸を見つめつづけたら引きこまれてしまいそうだった。アルミの松葉杖でポンっと肩をたたかれて、正気に返った。

「あるある、何者かの手先になって創らされてるような。そういうときに限っていい作品ができるんだよね」

車椅子の宇宙物理学者スティーヴン・ホーキングが言う並行世界《パラレル・ワールド》は我々が唯一の現実と思いこんでいるこの世界以外にも無数の世界があるっていう仮説だ。むずかしい理論はわからないが僕たちは教育や常識の洗脳によって視野を限定されてしまっているのかもしれない。

「ぼくはこう考える」フェリックスが言う。「創作の泉っていうか、巨大な叡知のうねりみたいな世界が常にぼくたちの背後に流れつづけている。ぼくたちがちっぽけな自我ってスイッチを切ったときに、そいつが流れこんでくるんだ」

長いあいだ酸素のうすい地下室に閉じこめられていたせいか、骨でできた曼陀羅《まんだら》が回転しだす錯覚にとらわれる。それは冥界からのメッセージをひきこむ水車とか、インド人が輪廻《サンサーラ》の輪と呼ぶ車輪にさえ思えてくる。もしパラレル・ワールドがあるとしたら、この世は永遠にめぐりつづける山手線のひとつの停車駅にすぎないのだろうか。


フェリックスの荷物をまとめるのを手伝い、タクシーで彼の家を訪れた。おみやげ用の絵じゃなく、作品としての絵を見せたいとのことだ。投げ捨てられたゴミが腐臭を放つ川を越えていくと、新興住宅街にでる。といっても、高層アパートが立ち並ぶ東京の郊外とはちがって、一、二階建てのコンクリート建築が雑然とひしめいている。

ペルーには勝手に家を建てた人がその土地をもらえる制度があるという。フェリックスの新居は複雑な路地の奥にあった。キャラメルの箱みたいに簡素な二階建ての家はまだ建築中で、つぎの個展で金ができるまで工事はおあずけらしい。外装も壁紙もないむき出しの煉瓦からコンクリートが荒っぽくはみ出している。丸テーブルに四脚の椅子、タンス代わりに積まれた段ボール、物にあふれた日本の家からは想像できない質素な暮らしぶりがうかがえる。独身のフェリックスは口にくわえた筆一本でマイホームを建て、母親と妹の子どもふたりを養っている。高校生になる娘がパイナップルジュースをもってきてくれたが、あと三時間後に飲むアヤワスカのために断った。

玄関をはいって左手に、不思議な作品が掛かっていた。細かく砕いた色ガラスをびっしり貼りつけた絵画で、角度によってキラキラと反射する。

「フェリックス版ナスカの地上絵さ」

蛇のような渦巻きは猿の尻尾だ。

「ナスカの地上絵は世界最大の謎だよ」フェリックスが説明する。「現代人は文字をもたなかった文明をバカにするけど、逆だ。古代人は、文字のないことをもっていた。たとえばパラカスで発見された五十メートルもある死者のマントは、百八十メートルの糸を一度も断ち切らずに複雑な模様を織りあげているんだよ。織物は非常に高度な数学を必要とするだろ。アナログの文字なんか必要としない彼らは、どんな思考法をもっていたと思う？」

たしかに古代人はアンデス山脈にトンネルをあけて灌漑《かんがい》用水路をつくったり、六百万トンの水をためるダムや精密なピラミッドを建設していた。

「アナログじゃないってことは……デ、デジタルか！」

歴史書をひとつも残さなかった連中が、二十世紀の終りに僕たちがたどり着いた文明を三千年以上も前から先取りしていたのか？

「そう。彼らは高度なデジタル技術を使って、現代のどんなアーティストもおよばない巨大絵画を残した。まあナスカにはおよばないが、二階にあるぼくの大作を見てくれ」

煉瓦壁いっぱいに連作が掲げられていた。縦一・二メートル、横は十メートルにもおよぶ大作だ。深いコバルトブルーを背景に、七人の天使たちが音楽を奏でていた。トランペット、ヴァイオリン、ハープ、ギター、インディオの楽器サンポーニャもある。

心の底からふりしぼるような、音楽が聴こえてきた。

世界中に満ちあふれる哀しみをそっと癒していくメロディーだ。貧しい家庭に芋虫として生まれ、六歳のとき事故で父親を亡くし、七歳からクレヨンを口でくわえ絵を描けることを発見する。十五歳から普通中学に通い、二十歳でロンドンへの美術留学を勝ちとる。母はキヨスクで新聞を売りながら彼とふたりの妹を育て、現在七十四歳、二週間前にガンが発見された。世界中の不幸が落ちてきたとしても、彼は生きる歓びを歌いあげようとする。

「天使をあげるよ」

短い腕の先にのっていたのは、空色の衣と黄金の翼をもった小さな人形だった。

「スペイン語ではサン・ミゲル、大天使ミカエルのことだ。これからはじまる長い旅を導いてくれるだろう」

第三歌　血の洗礼

夜十時、旧市街は静まりかえり、テロ時代の後遺症だろう――一般市民はほとんど外出しない。商店街の閉まったボリバル広場に人待ち顔で立っていると、女か麻薬が目当てだと思われてしまう。薄暗い灯のもと、路地のあちこちで娼婦がいっせいに孵化《ふか》する。わざとワンピースの片ひもをはずした女がからんでくる。夏の夜風に、わきの下の酸っぱい汗ときつい香水の匂いが混じる。僕にその気がないとわかると、沸騰した唾を吐き捨てて去っていった。裏手の公園では、高校生らしいカップルが二組へビーペッティングに没頭している。三十分待っても、シャーマンや売人はあらわれなかった。

ちえっ、あんな約束を真に受けた僕がばかだった。巻きタバコを一服して帰りかけたとき、旧式のワーゲンが横づけになった。

「君かね、アヤワスカを探しているというのは」

助手席の窓には半透明のビニールがガムテープではりつけられ、夜風にぶるぶる震えている。降りてきたのは六十歳ほどの老人だった。うすっぺらい黒のポンチョを羽織り、はきこんだズボンのケツが常夜灯にテカっている。神秘的なシャーマンからはほど遠いサンタクロースに気がぬけた。アル中めいた酔眼、触覚のように突き出した白い眉、だんご鼻のてっぺんには無数の毛細血管が浮きだし、全体を柘榴《ざくろ》のように見せている。

「極上のアヤワスカをひと瓶《びん》用意したぞ。今日は儀式《メサ》の日じゃないが、特別君だけのために執《と》りおこなってやろう」

アヤワスカだけを買って帰ろうと思っていたが、儀式というのも見たくなった。

「ひと瓶っていくらなんですか？」

「た、た、たったの三百ソルじゃ」

三百ソルといったら、一万円じゃねえか！　到着五日目の僕には相場などわかるはずもない。

とにかくひと瓶あれば、数回試せるのは確かだ。

老人は運転席のドアを開けて、白い無精ひげの散らばるあごをしゃくった。僕に運転しろというのか？

「助手席のドアは開かないんだ」

白髪頭をかく老人につられて笑ってしまった。朝から待ちつづけた緊張がほどける。こんなよれよれの老人なら襲われることもないだろう。運転席をとおって助手席に座った。黄色いスポンジがはみだし、黒くねじれて剝げ落ちる。

さあ、マジカル・ミステリー・ツアーに出発だ。

ほとんど水の涸れた川を越え闘牛場を迂回し、自動車修理場らしきところで車を降りた。バラック群がひしめきあう山の斜面を徒歩で登っていく。老人は日干し煉瓦にトタン屋根をかぶせたあばら家に招いた。漆喰が無惨なほど剝げ落ち、犬のションベンに浸食されている。ドアを閉めるとき、むかいの家の窓から誰かがのぞいていた。ちらっと目があった瞬間、その目は暗闇に消えた。

六畳ほどの部屋には老人の生活臭が充満している。ポリバケツに打ち捨てられたスパゲッティーとユカ芋から青カビが噴きだし、ビールケースに合板をおいたベッドからは発酵した汗が臭ってくる。

「家族はいないんですか？」

こんな家でも都心のスラムには電気がきている。骨董品屋でも驚きそうな五〇年代調の白黒テレビと冷蔵庫があった。

「妻は呪《ダーニョ》いをかけられて死んだよ。皮膚が干からびて、真っ白になるんじゃ。痒《かゆ》くてかきむしるたびにひび割れから血が滲《にじ》んで、何度病院に連れていってもだめじゃった」

シャーマンの世界では、病気やけがは呪いや精霊によって引き起こされるらしい。

「葬式のミサで、棺桶にはいった彼女の口から蛇がはい出したんじゃ。たくさんの参列者がそれを見てる。シャーマンにもいろいろあってなあ。病気を治すクランデーロ、ヴェヘタリスタ、呪いをかけるブルッホ、殺しまでやるエチセーロなどさまざまじゃ。まあ、そこへ座りなさい」

くたびれたクッションを放ってよこす。ハイビスカス模様が血の染みにも見える。

「わしよりも敵の力が数段上じゃった。呪いはサソリや毒蜘蛛や病原菌を持ったネズミを使うこともあるが、最終的には……ヴィジョンだ。現実ではありえないヴィジョンをつぎつぎに送りこんで、狂死させるんじゃ。妻の場合は、蛇が自分の膣に侵入し、卵を産みつけられたと思いこんでいた」

シャーマンは、うなりをあげつづける旧式の冷蔵庫から、三百cc入りのペットボトルをもってきた。親指と人差し指でキャップをつまみ、振ってみせる。底にはりついた褐色の澱《おり》が揺れ、茶色の泡が立ち昇る。写真を撮ったとたん、止められた。神聖な儀式を撮影してはいけないらしい。

「前金で五百ソルもらおう。儀式とこいつをあわせた値段じゃ」

さっきは三百ソルと言ったじゃないか。老人の眼が不満げな僕を射すくめる。

「信じてないいな」

まさに心の中を見透かされていた。

「信じることができない者には、なにも変えることはできん」

「待ってください、本当にボトルごともらえるんですね」

「ああ、もしこのアヤワスカが偽物だったら、金は全部返してやる」

ここまできたら逃げられない。だいいち、ここがどこかさえもわからなかった。財布の中身を見られないように札をぬきだし、渡した。

いきなり、電気が消された。

摩擦音とともに硫化リンの焦げた臭いが鼻をつき、一本のろうそくが灯る。老人の顔が不気味に照らし出され、両腕の影がうしろの壁で巨大なカラスのごとく広がる。老人は白いプラスティックのキャップを開け、タバコの煙をペットボトルに吹きかける。ケチュア語だろうか、わけのわからない呪文をボトルにむかって唱えている。ガラスのコップにアヤワスカを注ぎ、手わたされる。僕は恭《うやうや》しくかかげてから、ふた口で飲み干した。金属的な酸味が口中に広がる。

まちがいない、このまずさは本物だ。

シャーマンはなぜかそれを飲まなかった。おかしいな、ふつうシャーマンが飲んで患者が飲まないと聞いていたのに。僕はせこく、ボトルをアーミーパンツのサイドポケットにしまいこんだ。

シャーマンは呪文を唱えながら、僕にタバコを吹きかける。嫌煙運動の人が見たら卒倒しそうな風景だが、昔からタバコは浄めの儀式に使われてきた。

幻覚剤によるトランスはロールプレイングゲームに似ている。無意識の層をひとつひとつクリ

ペットボトルに
入ったアヤワスカ

アーしながら、より深いヴィジョンへと降りていくマインドゲームだ。ネガティヴな敵に捕まると、初期段階でゲームオーヴァーとなる危険をはらんでいる。

シャーマンは語尾を刻むようにのばす独特のメロディーを口ずさんでいる。僕は座禅を組んで目を閉じ、できるだけ深い瞑想に入れるよう力をぬいた。アマゾンのシャーマンと飲んだものより、明らかに効きが弱い。これがLSDの数百倍も強いなんてウソだ。些末《さまつ》な思念が頭をめぐる。実家にある灯油ストーブのコンセントはぬいてきたっけ……帰ってからの生活費はどうしよう……丸井のクレジットから十万は借りられるけどな……あれ、フェリックスの天使をホテルにおいてきちゃった。大天使ミカエルがいれば、天上の頂《いただき》へ連れていってくれたかもしれないのにな。おまけに胃がむかついてきた。目を開けるとシャーマンはいない。トイレの場所だけでも訊いておけばよかった。どうせこのスラムじゃ共同便所だろう。吐き気がする。外へ飛びだし、路地にうずくまった。今日一日断食をしたので、出るものがない。両手を地面につき、粘ついた涎《よだれ》だけがしたたり落ちる。

岩が降ってきた！

本当にそう感じた。後頭部に鈍い衝撃を受け、前のめりに倒れる。すり減ったラジアルタイヤがブロック塀で跳ねかえり目の前にバウンドする。何者かが背中にまたがったはずみで、鼻をしたたか打ちつけた。もうひとりが僕のポケットをまさぐるのがわかった。体をひねって財布をつかんだ手をぬけなくする。ざまあみろと思った瞬間、反対側からすべりこんできた手で陰嚢をひねりあげられる。「ぎゃっ」と悲鳴を洩らす。腰が浮いたとたんに財布がぬかれた。ふたりは即座に僕から飛び退き、走りだす。後頭部と股間の痛みをこらえて追いかける。あの小さいほうは僕と話した売人にちがいない。不規則な階段を飛び降り、真っ暗な庭を横切り、男たちが二手に分かれた。真夜中のスラム、錯綜《さくそう》する迷路、僕に勝ち目はない。

鼻血がでているのに気がつかなかった。鼻翼の根元を押さえ、鼻腔から喉に吸いこんで何度も吐き捨てる。霜降りのTシャツを脱いで口ひげに固まった血を唾でふき取る。パーカーを裏返しに着て、血まみれのシャツはそのまま道に捨てた。

あのシャーマンもグルだろう。引き返して場所を確かめ、明日警察を連れてこようかとも思ったが、一刻も早くこの悪夢からぬけだしたくなった。売人なんかを信用してまんまと罠にはまった僕が軽率すぎたんだ。

道路を目指して丘を降りる。幸い土曜の夜だったこともあり、相乗りのタクシーがつかまった。盗まれた財布には五百ソルほどはいっていたはずだ。あのインチキシャーマンとあわせて、三万五千円もだまし取られたわけだ。幸い首からさげたパスポート入れも、裏側に札が隠してあるベルトも、カメラもだいじょうぶだ。サイドポケットがぷっくりとふくらんでいる。おっ、こいつも無事だった。すべての災いの原因であるペットボトルをぎゅっと握りしめた。

おいアヤちゃん、ずいぶんとひどい洗礼じゃないか。

旅先で金を盗まれることなど珍しくないが、しょっぱなからこんな目にあうとは思わなかった。気を取り直してリマをはなれよう。まだ旅は始まったばかりだ。トランスが残っているせいなのか、突飛《とつぴ》なアイディアを思いついた。

「そうだ、このアヤワスカを飲んでナスカの地上絵を見てみよう。人類最大の謎が解けるかもしれないぞ！」

ナスカ

第一歌　暴かれた墓

ナスカまで六時間の道のりを大型バスが荒っぽく疾駆《しっく》する。

広大な砂丘の上空をまだらな雲影が滑走し、鉛色のフンボルト海流が逆巻く。砂浜に打ち捨てられたペットボトル、発泡スチロール、ツナ缶、食用サボテン、紙おむつ、生理ナプキン、干からびた犬の死体が飛び去っていく。海岸沿いは南北三千キロにもわたる砂漠地帯だ。

警察署ではなくバスターミナルにむかったのは正解だ。開け放った窓から乱入する潮風が、苦々しい怒りを洗い流してくれる。鼻の頭のかさぶたをかりかり落とす。悔しさと腹立たしさと情けなさが渦巻いて、昨晩は一睡もできなかった。いくら打たれ強い僕でも、沈んだ気分になるのは当然だ。憂鬱《ゆううつ》な王様をなぐさめるように、道化師たちが乗りこんでくる。ギターと毛の生えた太鼓をもったミュージシャンは、郷愁のこもったフォルクローレで車内をふるわせた。二十四本の竹筒を階段状に並べたサンポーニャをギターと同時に演奏するテクニックには舌を巻くが、ギターの一弦、二弦、三弦が切れている。白衣に聴診器をぶら下げた男は紙芝居の人体解剖図を示しながら、中国産の精力剤を売る。ペルーの幼児虐待や児童福祉の惨状について三十分も熱弁を振るった男は、一個三円のキャラメルで寄付を迫る。バスが停車するたび、高い窓のそとにはさまざまな清涼飲料水やミネラル・ウォーター、紫トウモロコシのゼリー《マサモラ・モラーダ》、ルクマという果実からつくった黄色いアイスなどがつきだされる。よく見るとプラスティックのたらいにモップの棒をつけて、わっしょいわっしょい持ちあげてくる。「おめえらは、江戸時代の火消しか！」と怒鳴りたくなるが、頭をしぼって日銭を稼ぐ子どもたちのたくましさに負けてインカコーラを買ってしまう。黄色い液体はインカの黄金をイメージしてるらしいが、徹夜明けのションベンそっくりだ。この猥雑さに笑顔をとりもどしてる自分がいた。たった一度の悪印象でペルー全部を判断しちゃいけない。

ナスカに到着したとたん、ホテルの客引きたちに包囲されるが、とりあえず一泊十ソル（三百五十円）の安ホテル「アレグリア」に決めた。六畳ほどの部屋には小さな窓しかないが、中庭のテラスが快適そうだ。日が暮れるにはまだ早い。となりの旅行会社でパンフレットをもらい、ほこりっぽい町を散歩する。二階建てほどの低い建物が立ち並び、おみやげ屋、レストラン、雑貨屋など、十分も歩けば商店街は終ってしまう。人口三万とあるから、世界のナスカは観光だけで食ってる小さな町だ。

翌朝、ミイラ村に出かけた。

このタクシーは日本から輸入した中古車だろう。白いトヨタ・カローラの後部ドアに「愛媛千趣会」と書かれているのが笑える。町から北へ三十五キロ、チャウシージャ墓地をめざす。コンクリート工場の廃墟を最後に人家がなくなる。舗装道路からはずれ、車は砂のうえを進む。地面は思ったより固く、両脇に白くペイントした石と頭を黄色く塗った杭が並べられている。この道三十年というベテラン運転手が教えてくれた。

「これから行くミイラ村は盗掘者《ワッケーロ》に荒らされた墓場なんです。ナスカってところはね、ほとんど雨が降らなくて、川は九ヵ月も干上がってるから農業だってむずかしい。だから彼らは生活のために墓を暴くんです」

車を降り、石の並べられた道をたどる。骨片の混じった砂が、GTホーキンス製のトレッキングシューズに侵入してくる。

「わたしのおじいちゃんから聞いた話なんですがね。昔の人は、お棺が安置された部屋にトウモロコシの粉を撒《ま》いたそうですよ。なんでも、この世に未練がある死者は、歩きまわって足あとを残すんです。そうなるとシャーマンが死者を呼んで――葬式は教会の司祭がするんですがね――なにをやり残したか訊くんですよ。たとえばカニが食いたいと言えばカニを、残された妻を弟に嫁がせたいと言えばそのとおりにすると、翌日から足あとは消えるそうです。なかには一週間もいろんな要求をしつづけて財産を食いつぶした欲張り亡者もいたそうです」

古代ナスカ人は実にていねいに死者を埋葬した。

内臓と主要筋肉を取り除かれ綿をつめられたミイラは胎児の格好で縛りつけられ、厳重に布で巻かれる。いちばん多いものでは、百五十枚ものマントやポンチョでくるまれたものもあったという。まさに「死者の繭《まゆ》」だ。生まれたての蝶となって我々がやって来た場所へ還れるよう東向

きに埋め、トウモロコシやジャガイモ、チチャという酒、生前使っていた日用品、美しい土器や装飾品もいっしょに埋葬される。盗掘者の目的はミイラではなく、織物と土器と装飾品だ。無残にも繭をむしり盗られた死者たちは、吹きっさらしの大地に打ち捨てられていた。その姿を見かねた観光局が当時の墓を復元し、ミイラたちを陳列し直したという。地下壕をつぎつぎに見てまわった。夫婦用の墓や家族用の墓もある。当時の女性は髪を切らなかったらしく二メートルにもおよぶ髪の束が壁に掛けられている。

骨の白さに驚いた。

二メートルほど掘りさげられた部屋に頭髪をへばりつけたミイラが鎮座している。日射に炙《あぶ》られた頭蓋骨が、真珠のごとく煌《きら》めいた。

「ホラホラ、これが僕の骨だ、……見ているのは僕？　可笑しなことだ。霊魂はあとに残って、また骨の処《ところ》にやって来て、見ているのかしら？」

若くして死んだ中原中也の詩をふと思い出した。

もし魂が永遠に転生をくりかえすとしたら、目の前のミイラは大昔の僕だったのかもしれない。

第二歌　マリア・ライへの見た光

砂漠のなかの一本道、パンアメリカン・ハイウェイを「愛媛千趣会」は疾走《しっそう》する。

生き物の気配さえまったくない大平原《パンパ》だ。砂塵のなかに赤い鉄塔がそびえ立っていた。マリア・ライヘというドイツ人女性が建てた物見塔《ミラドール》だ。高さは十五メートルほどあろうか、けっこう登るのもしんどい。

マリアがナスカに居を構えたのは一九四九年、四十六歳のときだ。独身のまま九十歳で亡くなるまで、地上絵の解明に半生を捧げた。

「いつでもボロボロの服を着て、絵を掃くためにほうきを持ち歩いていたんで、わたしが子どものころは、魔女が来たー！　って冷やかしていましたよ」

運ちゃんの話を聞いて、はっとした。僕が伝説のなかでしか知らないマリアは、実際に六年前まで生きていたんだと、当たり前なことに納得した。

たった十五メートルでも視野は大きくひらけてくる。午後四時過ぎの透明な光が、広大な虚無の砂底を照らしだしていた。五本指と四本指の「手」をもった生き物が、砂に一筆書きで描かれている。反対側にはワカメにも似た「木」があった。航空写真で見るのと、こうして間近に見おろすのでは迫力がちがう。なにより驚いたのは、交差する無数の直線群だった。マリアは、これを「世界でもっとも壮大な天文学の書物」「古代でもっとも奇抜な暦」と呼んで愛した。


すぐ近くに彼女の記念館がある。

実に小さな博物館だ。それもそのはず、彼女が実際に住んでいた家だったという。マリアの子どものころや少女時代の写真が展示されている。すごい美人だ。書斎を見てぎょっとした。マリアがいたからだ。オレンジ色のショールをはおり、年代物のタイプライターをたたいている。白髪頭に銀縁メガネ、その再現彫刻は赤黒い顔をしていた。灼熱の砂漠に日焼けしたマリアを表現したかったのか、たんに赤土粘土を使ったからなのかはわからないが、まるでインディオだ。

一九三六年に帰国した彼女は、ますます勢力を広げるナチズムから逃れるようにペルーにもどってくる。ヨーロッパが平和になったあとも、講演や資金集めなどで何度か里帰りするが、早くここへもどりたくてしょうがなかったという。彼女はペルー人よりも、古代ナスカ人に近かったんじゃないかな。

ネズミに食い荒らされないように壁から計測図がグシャグシャにぶらさがる。みすぼらしいシングルベッド、石油コンロにかけられた小さな鍋から、老女の孤独がすうーっと染みこんでくる。

小高い丘を目指した。地上絵の区域は立入禁止になっているが、ここが唯一絵のなかに入れる場所だ。灰色の砂漠に見えた平原《パンパ》は、実際歩いてみると黒い小石におおわれている。

「これが線か！」

わずか三十センチ幅の白い地肌が、水平線までつづいている。溝も掘っていないし、黒い小石をよけただけだ。小学校の図工を思い出す。画用紙を黒いクレヨンでぬり、釘でひっかくと白い地肌が線になる。世界一巨大な絵画を描く技法の、単純さに戦慄した。現代美術でよく言われることだが、「同じ美に到達するのなら、その過程はシンプルであればあるほど勝《すぐ》れている」と。

地上絵は六世紀までに描かれた。そのあと千五百年ものあいだ消されなかったのは、特殊な気候のせいだ。太陽熱に暖められた地面が地表三十センチくらいまで保護膜をつくり、風から絵を守った。たとえばほかのところにもたくさんの地上絵があり、たまたまナスカだけが気候のせいで偶然に残ったということも考えられる。しかしこの恐るべき作品を目の前にすると、素朴で能天気な古代人像は消し飛んでしまう。明らかに彼らは、数千年後に発見されることを計算したとしか思えない。

丘の頂上に立つと風が強い。夕暮れの残照が交錯する線を浮き立たせるが、ここからでさえ絵は判別できない。発見されたのは、一九三九年のことだ。飛行機が一般化し、オゾン層を破壊し、地球の気候を激変させている僕たちに発見されるようメッセージが送られてきた気もしてくる。

さまざまな説が乱れ飛んだ。

マリアの星座カレンダー説はもちろん、儀礼舞踏場説、巨大祭儀場説、飛脚《チャキス》オリンピック会場説、ミイラのマントからヒントを得た織物工場説、国をまとめるための公共事業説などだ。

丘に腰をおろし、褐色の台地の彼方へ天下る夕日を眺める。視覚にはいる唯一の人工物は地上絵だけだ。誰だってこれを見たら、六十年にもおよぶクイズ番組に参加したくなる。

なかでもおもしろいのは、熱気球説だ。土器の絵柄には、鳥が圧倒的に多くて、空を飛んでいる人間がよくでてくる。一九七五年、国際探検家協会の会長ジム・ウッドマンは、当時とほぼ同じ古い綿布で作った気球を飛ばした。ウッドマンは吊り籠に乗りこみ、十四分の飛行を楽しんだ。高度二百五十メートルに達したそうだ。ただ、いまだに気球や吊り籠の遺物は発見されてない。

マリアも気球のロープを綱引きみたいにひっぱって壮大なジョークを手伝っていたというのも微笑《ほほえ》ましいエピソードだ。

真摯な学者たちの悩みの種は、無責任なUFO《ユーフォー》説だったという。

エリッヒ・フォン・デニケンは宇宙人の滑走路説を唱えた。「マリア・ライへがナスカの幾何学模様についてわたしと異なった意見をもっていることは心得ているが、わたしにも所見を述べさせてほしい」と。彼によれば、ある日、原子力文明をもった宇宙人が肥沃《ひよく》な地球を見つけて訪れ、UFOの臨時滑走路をつくって一時帰星した。古代ナスカの人々は神の帰還を待ち望みながら、それをまねて線を引いていったという破天荒な仮説だ。

UFOのよく目撃される場所を調べると地下の断層が磁場異常を起こしていることが多い。電磁波とプラズマの相互作用が発光現象をつくるというのが科学側の説明だ。数千ガウスを超える電磁波は側頭葉を活性化させて、幻覚を見させることもわかっている。

その論理だけですべてが割り切れるとは思わないが、精神世界を現実逃避の道具にするのはまちがっている。わからないことはなんでも宇宙人の仕業にしちゃえば楽だけど、思考停止におちいってしまう。フェリックスが自ら血を流して切り開いてきた運命を、すべてはカルマですとか、アカシックレコード（未来もふくめた運命の記録）に刻まれていますなんて誰が言える。

うす青い絹織物の空にかすかな微光が浮き出してくる。マリアはこの星座たちを地上に写し取ろうとしていた。マリアが存命中は決して他人に話すなと止められていた驚くべき話を運ちゃんが教えてくれた。マリアといっしょにそれを目撃したある研究者が教えてくれたという。

「その研究者とマリアは夜の平原《パンパ》を歩いていました。マリアは計算に疲れると、夜でも平原を散歩したそうです。地上絵といるだけで安心したんでしょう。そのとき信じられないことが起こりました。突然、目も眩むばかりの白光がふたりをおおい、世界そのものが光につつまれてしまったんです。一瞬のようでもあり、数分間にも思われました。恐怖どころか、今まで経験したことのない絶対的な至福を味わったそうです。光は現れたときと同じように、突然消えていきました。彼は確信をこめて言います。円盤なんていうちっぽけな体験じゃない、もっと根元的な光の体験だったと。マリアも放心状態のまま立ちつくしていました。それも、恍惚の笑みを浮かべて！マリアは少女のごとく目を輝かせて、こう言ったそうです」

眼球をくるりとやって無邪気に笑う中年運転手の表情が印象的だった。

「今のは、見なかったことにしましょうって」

第三歌　世界最大の謎と嘔吐

早朝、六時二十分にアヤワスカを飲んだ。

七時半からのフライトの最中にピークをむかえるはずだ。効きが弱いといけないので、無理してコップ二杯を胃袋におさめた。アヤワスカはいったいどんな秘密を開示してくれるのだろう。世界最大の謎は暴かれるんだろうか。そう考えるだけで浮き足立ってしまう。

ホテルの部屋を出るとき、釘にTシャツが引っかかった。鈍い裂音とともに裾《すそ》が破れる。何者かに引きとめられているようで不安になった。たかがTシャツが裂けたくらいでビビるな。僕は胃袋のなかで浸食をはじめるアヤちゃんとともに飛行場へむかった。

雲ひとつないラピスラズリの青。

スペイン語では聖母の青《アスル・デ・マドンナ》という。貴重な青の顔料は聖母マリアの服を描くのに使われていた。

飛行場には四、五台のセスナ機が待機していた。どれもパイロットをいれて四人乗りの小型プロペラ機だ。フライトは朝と夕方がベストらしい。斜めから射しこむ太陽がくっきりとした影をつくり、絵を鮮明に浮き立たせてくれるからだ。

「君たちの命をあずからせてもらうよ」

クルーカットにさわやかな笑顔のパイロットが手を差しだしてきた。半袖のポロシャツから伸びる腕、襟もとからのぞく胸から首にかけて火傷のあとが広がっていた。アヤワスカで増強された視覚が、毛穴のひとつひとつまでも鮮明な画像で送りこんでくる……生々しい肉色にひきつれた筋、窪《くぼ》みにたまった色素、皮膚が内側から泡を立てて蠢動《しゅんどう》する……湯船で心臓麻痺を起こした死体のように、握手したとたん、ずるりと皮膚が剝げ落ちそうだ……手の平のなかにはなま温かい脂肪がぬるぬると残り、毛根から溶けた体毛が浮かびあがる。

「あっはっは、心配しないでください。四年前にジャングルに落ちたときの火傷です。それより、顔が真っ青ですよ。だいじょうぶですか？」

なんとか笑顔をかえしたものの、幻覚はそのピークへと昇りつめようとしていた。アルゼンチン人の老夫婦を後部席に、僕が助手席に乗りこんだ。パイロットはオレンジの耳栓をしたあとヘッドホーンをかぶり、僕たちにもヘッドホーンをわたした。ノイズ混じりに管制塔からの声もはいる。地響きをたててプロペラが回りはじめ、エンジンの胴間声が尻肉を振動させる。セスナはよちよち歩きで滑走路の中央へ進み出ると、勢いよく助走した。ふっと尾骨をくすぐられたかと思うと、宙に浮いていた。

陽光に焼きつくされた大地が眼下に広がる。水の涸れた川筋はパイロットの火傷を思わせた。

「くじら！」パイロットはインカム・マイクで叫ぶ。はっきりと絵が飛びこんでくる。あまりの巨大さに目眩《めまい》がする。すうーっと機体が右に傾き、背筋を冷たいものが流れ落ちた。六十メートルもある左手の不等四辺形はたしかに滑走路にも見える。右手にはコンパス状の鋭角三角形、黒い山肌にユーモラスな宇宙人の絵が右手を振っている。「モンキー！」細い手足に胴体から生えた尻尾が渦を巻いている。フェリックスがモチーフにした絵だ。「アヤワスカの精霊よ教えてくれ、この壮大なクイズの答えを。いったいなんのために、誰が見るために描いたんだ？」胃袋を見えない手が引き絞る。

「――答えはあなた自身が知っている」

その声は頭蓋の暗闇から湧き上がってきた。聴こえたというより、想起されたという感じだ。

「あ、あなたがアヤワスカの精霊なんですか？」食道から滲みだしてくる酸が、ちりちりと舌を麻痺させる。「――わたしは、もうひとりのあなた」視覚が螺旋の渦に放りこまれ、汚れた洗濯物さながら攪拌《かくはん》されたとたん、嘔吐がこみあげてくる。奥歯を食いしばり、口に手をあてて耐えた。「この絵は宇宙人の仕業なんですか？」喉元まで押し寄せてくる吐瀉物《としゃ》を呑みこんだ。「――無数のあなたが描いた。あなた自身のために」音声のない声が答える。そんなの答えになってねえじゃねえか。僕は幻覚を詳細に描くため、トランスの最中にもメモを取ることを自分に課した

飛行機から撮りつづけた地上絵

が、もう限界だった。「無数の僕？　冗談はよしてくれ。これは僕の独り言、つまり幻聴にすぎないってことだな」こんなことをやっていて、なんになる。精霊だかなんだかしらないが、精神世界のマスターベーションにひたった自分に嫌悪感が突きあげてくる。フックにかけられた白いビニール袋をむしり取り、顔を突っこんだ。海神《ポセイドン》の噴水のごとく吐いた。袋の底が緑褐色の液体で膨らみ、一ミリにも満たない穴から、助手席のムートンへ滴《したた》る。

「だいじょうぶか？」

ヘッドホーンに響くパイロットの声が、頭蓋の早鐘を打つ。機内にたち昇る酸っぱい悪臭にうしろの夫婦が顔をしかめるのが見えたが、止まらない。丸めた背中を波打たせ、唾液が粘った糸を引いて落ちていく。咳こんだとたん、それは鼻腔へと逆流して、不快な刺激臭を充満させる。これ以上もどすものはない。僕はビニール袋の口を縛り、ポケットティッシュで座席をぬぐった。

「飛行機酔いです」

恥ずかしさをごまかすために、写真を撮りつづける。全長八十メートルもあるハチドリ《ハミングバード》、雄壮に翼を広げるコンドル、やけに首の長いペリカン、ぺしゃんこになったオウム、きのう登った物見塔《ミラドール》があんなに小さく見える。

着陸したプロペラ機を降りると多少足もとがふらついた。陽光を銀に照りかえすゴミ箱にゲロ袋を捨てる。まだ二回分ほど残っていたアヤワスカのペットボトルを開け、砂漠に振り撒《ま》いた。

もうこいつとのつき合いはごめんだ。こいつは精霊なんかじゃない。僕を苦しめるだけの悪魔じゃないか。

乾ききった地面に真っ黒な放射線が蛇のごとく浮かびあがった。

ティティカカ湖

第一歌　ひょっこりひょうたん島

神々の峰アンデスが眼下に屹立《きつりつ》する。

万年雪の純白、山陰に幽閉された青、岩肌は紫に偏光し、内側からぼうっと発熱する。この峻厳な山脈は、たくさんの文明を育み、アマゾンを雪どけ水で潤してきた慈悲の神だ。

ペルーは広い。日本の三・四倍という国土面積だけじゃなく、砂漠、山岳《アンデス》、熱帯雨林《アマゾン》と、まったくちがう気候をもつ。北海道、本州、沖縄という比喩ではとらえられない、すさまじい落差がある。

ナスカから十時間夜行バスに揺られ、ペルー第二の都市アレキパから飛行機でアンデスを越え、ティティカカ湖畔の町プーノに着いた。もちろんこのコースもバスで行く予定だったが、雨期のため崖崩れがあいつぎ、十六時間の行程が三十時間かかるときいて飛行機にした。ペルーはアンデス山脈とアマゾン熱帯雨林があるために、陸路での移動が困難な地域が多い。そのため空の国内線が発達し、比較的安い料金で移動できる。三十時間が三十分に短縮され、四十四ドル（約五千円）なら悪くない。

灼熱の砂漠から、また冬に逆もどりだ。

空港から市内へむかう乗合タクシーの窓を細かい雪つぶてがたたく。いくらノックされようと、探偵は職場放棄した。もうアヤワスカなんてこりごりだ。目的を捨てたとたん楽になった。旅行資金を援助してもらおうと、十社くらいの雑誌に企画書を送ったが、なしのつぶてだった。すべてを自費でまかない、誰からも望まれていない以上、自由だ。肩の力をぬいていこう。ペルーは観光に最適な国だから、ゆっくりと自分の旅行を楽しめばいい。

寒風とともに、煉瓦色の町がすべりこんでくる。雪が小雨に変わり古い教会や石畳を濡らす。旅人にさえ、どこか郷愁を感じさせるたたずまいに安堵した。

ティティカカ湖はインカ帝国の創始者マンコ・カパックが降臨した最高の聖地だ。

スペイン人に蹴散らされたインディオたちは山へ湖へと逃れ、葦《あし》でつくった浮島にウロウロ人というインカの末裔が暮らしている。遠巻きにふるさとを眺め、いつか帰れる日を夢見て暮らしてきた。

雑踏の市場をぬけ、サッカースタジアムをすぎるあたりから、水平線の青が膨らんでくる。ティティカカ湖は琵琶湖の約十二倍、四国の半分もあるという。しかも標高三千八百十二メートルと富士山の頂上より高い天の湖だ。やくざ風の船長と交渉して、六千ドルで買ったというモーターボートに乗りこむ。磨きこまれた翡翠《ひすい》を寒風がさざめかせ、緑藻をちりばめる。葦《トトラ》のあいだをこれまた葦で編んだ小舟が行き交い、高山アヒルが小魚をつついている。アンデスから流れこむ湖水に手を浸すと、痺れるくらいに冷たい。それでも雨期のせいか、小さな蚊が霞《かすみ》のように漂ってくる。三百人以上が暮らす大集落もあるが、一軒家だけを浮かべてウロウロしてる者もいる。よほどの人間嫌いか強情者だろう、想像するだけで笑ってしまう。

「楽園《パライソ》」という名をもつ小島に着いた。

ボートから飛び降りた足がやわらかく受けとめられる。たしかに地面は葦でできている。気の遠くなる年月をかけて、彼らは葦を積み重ね、浮島にしてしまった。天の湖に浮かぶ魔法の村、ひょっこりひょうたん島だ。それにしても、食物は？　飲み水は？　トイレは？　電気は？　医者は？　つぎつぎに疑問が浮かぶ。

はしごのついた物見塔《ミラドール》があった。どれほど古いものかわからないが、ここから略奪されたふるさとを眺め、スペイン人の来襲を警戒していたんだろう。塔のはしごによじ登り、真下にいる三人の子どもたちを撮った。せつないくらいに忘れていた笑顔だった。こんな風に写真やメモをとりながら旅するのははじめてだ。あまり自分に義務を課さないようにと思っていたが、レンズを通した出会いも一期一会だ。

彼女たちは鮮やかな民族衣装を着て怪しい物を食っている。青いビニールシートのうえに散らかった植物、それは葦の根っこだった。アイマラ語を話す子どもたちにスペイン語は通じなかったが、身ぶりで「食ってもいいか？」とたずねると、愛くるしい笑顔がかえってきた。ファインダーをのぞこうにも間に合わない、今度は心でシャッターを切った。小さな手で黒い皮をむき、ひょうたんを二つ割りにした砂糖壺につけてくれる。幼い指から大切な宝物を贈られた気がした。

葦の根を食べる子ども

シャリシャリした食感のなかから、鮮烈な水分がほとばしる。

「シーピと言うんだ。ビタミンと炭水化物がふくまれていて、腸や肝臓にもいいぞ」

船長が説明してくれた。教会や家、物置やベッド、おみやげの小さなボートや動物など、なにからなにまで葦で編まれているから驚きだ。うまそうな匂いにつられていくと、魚を揚げている。バケツには釣れたてのマス《トルーチャ》がはいっていた。五ソル（百七十五円）というので一皿注文すると、ゆでたジャガイモとトウモロコシが添えられてきた。なんと、この島の畑でとれた野菜だという。アンデスの雪解け水で育まれたティティカカ・マスは身のしまりがちがう。フォークで魚の背をつぶし、身を開いたとたんに芳醇な湯気が立ち昇る。荒塩をまぶしただけ。だからこそ引き立つ濃密な味だ。

急に砂漠地帯から移動した気候の変化のせいか、いくぶん頭痛がする。微熱と動悸、息が切れるのは、軽い高山病だろう。僕は食堂のおばちゃんに医者を訊いた。

「医者はいないけど、シャーマン《クランデーロ》がいるよ」

シャーマンの語源は、ロシア・ウラル地方に住むマンシュー・ツングース系民族の呪術師をさす「サマン」からきたと言われる。おそらくシャーマニズムの歴史は、人類の起源までさかのぼれるだろう。ここ二百年ほどで発達した近代医学以前の百五十万年間、シャーマンが人々の体と心を癒してきた。婚礼をとりもち、出産を助け、種をまく時期を決め、狩りを指導し、部族間の調停をはかり、神話を伝え、自然界との調和を司ってきた。まさにシャーマンは「人間コンビニ」として活躍してきたんだ。

「コイラコイラさんの家ならうちの裏だよ」

ウロウロ人のネーミングは抜群だ。野外床屋が男の髪を刈っていたのでたずねると、「わたしです」ってソフト帽をとって挨拶された。僕が病状を説明すると、葦の家に招き入れられる。ほとんど家具もない粗末な部屋に、なんとテレビがあるではないか。

「やっと去年、政府が日本製のソーラーパレットを提供してくれたんだよ」

日本では明治六年に巫女《み》占《こうらな》い、お祓《はら》い、口寄せ、などの禁止令がしかれ、明治十七年に漢方、指圧、針灸《しんきゅう》などが科学的医療じゃないとされ違法になった。現代ではシャーマンの伝統が途絶えたのかというと、思わぬ形で生き残っている。「シャーマンキング」「ドラゴンボール」「ドラえもん」「ぬーべー」「サイコメトラーＥＩＪＩ」とか、少年たちの無意識はつねにシャーマニズムと接近してるし、「魔法使いサリー」から「セーラームーン」「少女戦士ウテナ」「もののけ姫」と、少女の魔女願望も根強い。水木しげる的妖怪世界、アマゾンの人々が言う精霊は「ポケモン」「デジモン」と衣装替えをしたにすぎない。多発する少年犯罪、新興宗教事件の深層にも、抑圧され、歪《ゆが》められた呪術の世界がかいま見える。

「コカだ。これを口のなかでダンゴにして、ほほの内側に入れておいてごらん」

シャーマンは、籠から取りだした葉っぱをもみ、木べらで石灰《せっかい》のペーストを僕の指に塗る。

今ではコカインの氾濫《はんらん》によってすっかり汚名を着せられているが、コカの葉はインカ時代までは太陽神の贈り物としてもっとも敬われた植物だ。西洋医学は「緑の薬草」を軽蔑し、精製した「白い粉」にたよる。コカの葉はコカインを五パーセント以下しかふくまず、残りの活性化合物が有効成分の強力な毒性をやわらげる安全因子として働く。現代薬理学では有効成分のみしか研究しないし、シャーマンのように薬草全体を使うことを知らない。

　僕はほっぺたがふくらむほどのコカをいれ、奥歯で噛みしめてみる。そこはかとない歯医者の麻酔が滲みだしてくる。コカは山の人々との交易で手に入れるという。シャーマンはその土地土地で、自然の贈り物を最大限に利用してきた。

「ここで採れる葦のお茶《マテ・デ・トトラ》は下痢、レンズ豆《レンテハ》は解熱、リキーノの葉は骨折、そうそうタマネギだって傷に効くんだ。村人はみんな薬草の使い方を知っているから、私が呼ばれるのはどうしても治らない病気のときだ。コカの精霊《アスヘニ》が、どうやって治療したらいいか教えてくれるんだ。大切なのは感謝の気持ちだよ。湖の父《コチャヤタタ》を敬い、大地の母《パチャママ》を慕い、精霊たちの声に耳を澄ますことを忘れたら、浮島で暮らす私たちはとっくに滅んでいただろう」

　過酷な生活環境で暮らすウロウロ人に、フェリックスの人生が重なる。

「でも、どうやったら精霊を見られるんですか？」ばかな質問だったかもしれない。

「見るもなにも、目に映る物すべてが精霊の仮の姿だよ。水も葦も山も空も、君もこのテレビでさえも精霊が宿ってる。君に起きるすべての出来事も精霊の教えだと気づけば、新しく世界が見えてくるだろう」

　シャーマンは精霊の宿った固形石鹸を泡立てると、ひげそり屋になってもどっていった。

第二歌　不吉な未来

モンテレイ・ホテルの食堂で重い朝食をとる。ロモ・サルタードという牛肉野菜炒めだ。夕飯はあまり食べないが、朝飯はきっちりとることにしている。繁華街に面したホテルは明るい中庭があって、部屋の天窓からも光がはいる。僕のまえの部屋に泊まっているカップルがふたつとなりのテーブルにいたので軽く会釈した。ひとりで話しつづける男に、女はあいづちをうちながらもセーターを編む手は休めない。男のほうが話しかけてきた。彼はニューヨークのとなりの州ニュージャージーで大手飼料メーカーの獣医をしているという。僕が昔、ニュージャージー州にあるグローヴ・ストリートに住んでいたと言ったら、いきなり英語でまくしたててきた。

「そうそう、毎年バケーションで里帰りするんだよ。ティティカカはいいぞお、インディオの国だ。もうすぐ祭だからな、練習で盛りあがってんだ。おい、カマレロ（ウェイター）、席移ったからこっち、そうコーヒーもおかわりだ。二つ、二つ、おっと、おれはユパンキだ、よろしく」

落ちつかないやつだ。ニューヨーカーより速い英語に突発的なスペイン語を交ぜてくる。白人をそのまま黒くしたような顔立ちはインドの哲学者みたいだが、真っ直ぐとおった鼻筋が獰猛《どうもう》なコンドルを思わせる。透明な鼻水がたれそうになるたびゴシゴシこするので、自慢の鷲鼻が真っ赤になっている。

「カンデラリアっちゅう祭があってな、ダンスコンテストには、一万人のインディオが参加するんだせ。おいサグラ、ティッシュねえか？　そうそう、おれの婚約者だ」

東洋的なつつましさを漂わすインディオ美人《ボニータ》に、ペルーで一般的なほほにキスするあいさつはためらわれる。軽く握手した。繊細な指先から、静かな思いやりが伝わってくる。

「彼氏への誕生日プレゼントかい？」僕は訊いた。

「それはもう高校生のときあげたわ。今はこれが仕事なの」

黒真珠を思わせる瞳を細めて彼女が微笑んだ。

ゆったりと色彩がとけあう草木染のアルパカセーターだ。きのうおみやげ屋で見たら、機械編みやリャマを混ぜたチクチクする偽物は五百円程度で買えるが、手編みのアルパカは三千円以上した。サグラの言葉など気にもとめずに自動沸《わ》かし器は話しつづける。

「みんな踊りに命かけてっからね。思いっきり貧乏なくせに、衣装や楽器なんかには金を惜しまない。言ってみりゃあ、リオのカーニバルのインディオ版だ。あっ、だめだよあんた、タバコは健康に良くないよ」

よけいなお世話だ。僕は彼の忠告を無視して巻きタバコに火をつける。ユパンキは話をしながらもナプキンに落書きしている。骸骨が踊っている気味の悪い鉛筆画だ。おまけに四角いテーブルのうえに置いてあるコーヒーカップ、フォーク、スプーン、ナプキン、しまいには僕のメモ帳やボールペンまで、すべての物品を垂直か平行に並べ直す。几帳面《きちょうめん》を通り越して、奇癖とでも呼びたくなる。

「ところであんたなに人だ？　日本人？　へええ、日本のインディオか。おれの父はアラブ系アメリカ人で、母親はインディオだ。子どものころは母親の血を呪ったけどな。南米じゃどれだけ白人の血がはいっているかで、学校の成績や女の子からのモテ方、就職や出世まで決まってくんだぜ。こっちで大学出たのによ、離婚したおやじからアメリカに呼ばれてまた六年も獣医学科に通わされたんだ。あっちじゃヒスパニックは思いっきり差別されるしな。ったく、やってらんねえ……ふぁ、ふぁっくしょん！」

大きなくしゃみとともに、パーティー用のくるくる笛みたいな鼻水が噴きだす。サグラはリャマの刺繍《ししゅう》がはいったハンカチで、惜しげもなくぬぐってやる。放っておいたら永遠にしゃべりつづけそうだ。一年ぶりの逢瀬を楽しむ彼女にも悪いし、またあとでと席を立った。

市場のまえに、おかしな占い師がいた。

黄色い看板には、大げさな宣伝文句が謳われている。「ボリビアのコパカバーナから来た尊師《マエストロ》。あらゆる病気を治し、運命を変え、大地への返礼をおこなう」

黒こげの鍋には銀色の金属が煮え、水のはいったバケツには、水銀状のものが沈んでいる。虹色の帯を巻いた黒いソフト帽、不摂生な脂肪をつつむ空色のセーター、赤ら顔のシャーマンの足もとにはビール瓶が散乱している。値段はわずか三ソル（百五円）だし、おもしろ半分でやってみるか。

「あなたの運命をすくいなさい」

言われるままに、沸騰したアルミニウムを柄杓《ひしゃく》ですくい、水のはいったバケツにあけた。かす

アルミ占いでの銀片

かな湯気とジュッという蒸発音を残して、僕の運命は沈んだ。シャーマンは袖をめくりあげ、凝固した銀片をつかみだした。裏側のでこぼこを爪垢のつまった指でなぞり、僕を見る。

「しかし極端な過去だな。これだけデコボコなのも珍しい。最近、身内がふたり死んでるだろう？」

ふたり？　七年前に死んだ母親と……。小さくとんがった痛みが胸を突いた。

日本でのアヤワスカ・セッションのまえ、恋人から妊娠を知らされた。驚き、戸惑いながらも喜んで命を授かろうと決心した。「風の子レラ」という小説を書いていた僕は、アイヌ語で風《レラ》と名付けた。ところが風《レラ》はわずか四十一日の命で流産してしまったんだ。どうして命はこんなにも不平等なんだろう。

シャーマンはなめらかな表面にひっくりかえした。どうやら、裏が過去で、表が未来らしい。

「これから数年間も波瀾万丈だ。あんたがなにを探しているかは知らないが、なるべくトラブルには近づかないほうがいい。巻きこまれやすいタイプというより、自分でトラブルを呼びこんでるようだ」

第三歌　悪魔のダンス

無数の目をもった怪物が近づいてくる。

ユパンキたちの部屋に呼ばれてインデペンデンシア通りを見おろすと、潜望鏡のような管楽器を掲げるブラスバンドだった。窓ガラスが荘重な行進曲に震える。ヨーロッパの行進曲とは明らかにちがう、もの悲しげでいて力強いフォルクローレだ。フォルクローレ＝民族楽器という固定観念が崩れる。

「よし、見に行こう」ユパンキが言った。

編みかけのセーターのうえを蝶のように舞うサグラの指先を、ユパンキが制する。編み棒がコトリと床に落下する。つかまれた手首を、サグラがふりはらうのを見てしまった。ぶつかり合うふたりの視線から僕は目をそらす。気まずい沈黙を破ってユパンキがかけだした。僕もあわててドアをでる。

狭い通りの両側はたくさんの見物人であふれかえり、リャマの皮でできた太鼓の力強いリズムとともに、いちだんと大きな歓声が近づいてくる。花壇の煉瓦を踏み台にして街灯によじ登った。

「悪魔《ディアブロ》だ」

バリ島の鳥神《ガルーダ》を思わせる極彩色の仮面、ひたいの中央――チベット密教のいう第三の目の部分――には、蛇が突きだしている。目映《まばゆ》いばかりの黄金に装飾された衣装、両胸が銀の目になっている。恐ろしげにつりあがり、狂乱の舞踏を映しだす。若者たちは真っ赤な民族衣装に身をつつみ、地を蹴り、宙を舞い、腰を振る。

「サンポーニャが管楽器になろうと、ケチュア語がスペイン語になろうと、衣装を着替えただけさ」ユパンキがビールの一リットル瓶をまわしてきた。「インディオの伝統がヨーロッパ文化に滅ぼされたんじゃない、インディオはしたたかに偽装して逆にヨーロッパ文化を呑みこんだん

真っ赤な民族衣装に身を包んで
踊る若者たち

だ」

「すげえなこのダンス」僕は高山病を恐れて三日間も酒を断っていたのでラッパ飲みする。

「聖地から追われ、蔑まれ、五百年ものあいだ苦汁をなめつづけてきたインディオの勝利の踊りだよ。あいつら、あんな汗だくになって、黒い目を輝かせて、かっこいいだろ？　美しいだろ……」

めずらしく長い沈黙がつづいたんでユパンキを見おろすと、黒い拳に歯を立てながら泣いている。はじめは、ひとりよがりの軽躁《けいそう》野郎だと思ったが、けっこう憎めない純情男かもしれない。

僕たちは人混みを逃れ、広場に面した大聖堂《カテドラル》の石段に腰かけた。夕闇を追って寒さが小指の先から染みこんでくる。新しい一リットル・ビールといっしょにもらってきた段ボールを尻にしいて乾杯をかわした。

「いやあ、きのうサグラから別れ話を持ち出されてな」ユパンキは別人のように元気がない。

「おまえの性格じゃしょうがないよ」と思ったが、ふうんとだけうなずいた。

「もうおれにはついていけないって言うんだ」

ユパンキは青いマウンテンジャケットのチャックを開けて顔を埋めると、鼻を鳴らしてのけぞった。僕の手の平に三センチほどのガラス瓶が握らされる。この感触は、はっきりとおぼえている。

「遠慮しとくよ。だいぶ前にやめたんだ」

僕はコカインの一グラム瓶をかえす。

「やっぱサグラの言うように、こいつはただの悪魔なんかなあ」

ユパンキを見ていると、まわりの人々に迷惑をかけまくっていた昔の自分を思い出してつらくなる。

「僕だってそれだけとは思わない。ドラッグをやめてはじめて言えることだけど、失ったものも大きいが学んだこともたくさんある」

「そ、そうだろう？」

必死に同意を求めるユパンキの目は、教会の前に捨てられた子猫を思わせた。かつての僕も同じ目をしていた。今この瞬間にも、世界中で何百万人のジャンキーたちが無言で同じ問いを発しながら壊れていく。ドラッグは、身体におよぼす害よりも社会の扱い方が問題なんだ。麻薬使用者の精神を破壊するのは薬物そのものだけではなく、「犯罪者」「脱落者」「危険人物」と、いっせい砲火を浴びせる社会の弾圧だと思う。ドラッグに対するあまりにも無知で排斥《はいせき》的な偏見が、かえって常習者を増やしているという事実を知らなければならない。自分の苦い経験から言うと、基本的にその国で違法とされているドラッグをやることには反対だ。隠れてこそこそやるドラッグは、バッドトリップをもたらすか、スリルを楽しむ浅いレベルですくいとられてしまう。まして逮捕でもされたら、君は犯罪者か、アーティストにでもなるしかなくなるだろう。

有名なコカイン中毒者はフロイトやサルトルをはじめ、『ジキルとハイド』のスティーヴンソン、「シャーロック・ホームズ」のドイル、『悲しみよこんにちは』のサガンなど、そうそうたるメンバーがいる。だけど、僕たちは凡人だ。

「なんだか自分が実験動物に思えてきたよ。おれの仕事はナチスみたいなもんだ。獣医とか言っても開業医なんか二割にも満たないし、製薬会社やペットフードメーカーに就職した連中は動物を虐待することで四千ドルもの月給をもらってる。危険な餌を犬や猫に与えて致死量や臨界値を分析するのはもういやだ、あいつらの怯《おび》える目をまともに見ることなんてできないんだよ」

ユパンキが内ポケットからガラス瓶をまた取り出したとき、突然背後にあらわれた影に竦《すく》みあがった。

「タバコを恵んでくれないか」

年老いたインディオがたどたどしいスペイン語で話しかけてきた。僕は手巻きのタバコを三本わたし、ユパンキが半分ほど飲みかけた一リットル瓶をあげた。老人は三メートルもある正面扉にもどり毛布をかぶってタバコに火をつけた。アーチ形に切りとられた闇の中で、オレンジの点が淋しげに明滅する。

「どうして二十万も兵士がいたインカ文明が、わずか二百人のスペイン人に征服されちゃったんだろうな」

ユパンキのため息にまじって、ブラスバンドのもの哀しい音色が聴こえてくる。

「コカの神様がコカイン教を広げるためだったりして」ユパンキを元気づけようと、からかってみる。

十六世紀に南米からヨーロッパに持ちこまれたコカは、十九世紀の半ばに純粋分離される。コカインの誕生だ。一八六三年にコカイン入りスタミナドリンクとして売り出された「マリアニ・ワイン」はまたたくまにヨーロッパを席巻した。ヴィクトリア女王、発明王エジソン、文学者ではデュマ、ヴェルヌ、イプセン、ゾラ、ジョイス、H・G・ウェルズなどが愛飲していた。

「花が蝶や蜜蜂に花粉を運ばせるのと同じに、コカは人間を運び屋にしたってわけか」ユパンキが嘆息する。「待てよ、もし植物にも意志があるとしたら、あながちそれもありえるぜ」

ユパンキは自分で言った言葉に、ぶるっと上腕筋を抱いた。僕たちの会話は英語なので背後の老人に聞き取れるわけはないのだが、ユパンキは最高機密でも語るようにますます小声になっていく。

「たしかにインカ文明はコカがつくったようなもんだ。四大河文明だってみんな阿片《あへん》の産地だったし、麻薬と文明の関係は偶然とは言えねえんじゃないか。だいたい進化ってのは数千万年かかってゆっくりと進行するもんだろ。それが人類ときたら三百万年足らずで脳が三倍になっちまったんだぜ」

長年ドラッグについて調べていた僕はつりこまれる。ヘロインや阿片は側坐核と視床下部《ししょうかぶ》と中脳、コカインや覚醒剤は側坐核と前頭連合野に働きかける。とくに側坐核は長期記憶の貯蔵庫で、無数の前世の記憶までしまいこまれているという。いずれも人間の想像と創造に深く関係している場所だ。

「こう、喉元まで出かかってんだけどな」

ユパンキは大きな喉仏を人差し指ではじき、ちらっとうしろを牽制《けんせい》してから粉をすすった。

「まず麻薬がヴィジョンを生み、ヴィジョンが文明を生む。麻薬も文明も直接生存には必要ないけど、進化には欠かせないものだよな」

コカインで暴走するユパンキ、高山病とビールでハイになった僕は、核心をつかみかけてる。

「ということはなにか、文明が麻薬を生んだんじゃない……」僕は言った。

今までささやき声だったユパンキが叫ぶ。

「麻薬が文明を生んだ！」

荒唐無稽な新説の誕生に、ふたりの酔っぱらいは抱き合った。なにごとだろうと、うしろの老人も上半身を起こす。

「それだそれだ、神は人類を進化させるために脳外麻薬を補充させたんだ」ユパンキは興奮している。

「人類麻薬進化説なんて大人たちが聞いたら気絶しちゃうよ」僕が言った。

麻薬は両刃の剣だ。正しい使い方をすれば進化を生み、まちがった使い方をすれば破滅を招く。

「じゃあ、この教会に祭られてる神ってのは……売人なわけだ」

僕らは横隔膜を痙攣させて笑いころげた。

マチュピチュ

第一歌　生け贄

空がとっても低い。

標高四千メートルを縫う高山列車の眺めはすばらしかった。湿原には薄紫の灌木《かんぼく》が散らばり、高原ラクダ・リャマが真綿のごとく群れる。なだらかな山が徐々に青みをまし、銀白に染められた山頂が、空と雲に混色する。プーノからクスコまで十一時間の列車旅行だ。アルミの占い師に言われたとおり、他人の問題には首を突っこまないようにと迷ったが、ユパンキの強引さに負けた。

「はじめて来たのに、なつかしい気がする」

サグラは奥二重の瞳を見開いて古《いにしえ》の都会に感嘆している。彼女の機嫌をとるために連れてきたユパンキの作戦は成功のようだ。

高地特有の日差しが透明な気層から流れ落ち、赤土色の瓦屋根に弾ける。水色ではなく群青に近い空は清爽《せいそう》な硬さをもち、青空のざらざらした手触りまで伝わってくるようだ。石畳におおわれたアルマス広場を落ちつきのある家並みが囲む。時間の浸透圧に歴史がしみだしてくる品格のある都会だ。クスコは、ケチュア語で「世界のヘソ」を意味する。十五世紀末まで栄華を極めたインカ帝国は、首都クスコを中心にコロンビアからチリにかけて五千キロメートルにもまたがる巨大国家を造り上げた。

朝っぱらからユパンキに連れ出される。あの夜以来、僕たちはすっかり打ち解けた。共犯者というか、兄弟分として信頼されている感じだ。三回もクスコに来たことがある彼は、ガイドよろしく僕たちを導いていく。

「さあ、大聖堂《カテドラル》のご見学といくか」

スペイン人の町づくりには法則があり、中心にアルマス広場とセットで教会をおく。カテドラルは威容を誇るスペイン建築だ。ドイツの緻密さ、イタリアの華麗さ、フランスの優雅さとはちがった、簡素で力強いデザインだ。両脇に巨大な鐘楼がそそり立ち、たくさんの尖塔《せんとう》を見上げる正面扉にユパンキはずんずん踏みこんでいった。

「まったくご苦労なこったぜ。インカ時代のピラコチャ神殿を壊して、その材料で組み上げたんだ。銀を六百トンも使った祭壇も、黄金の装飾品も、わざわざ鋳造し直してスペイン風に変えたんだってよ」

白いアーチを基調とした天井の下にごてごての装飾がちりばめられ、さまざまな宗教画や彫像が飾られている。

「あっ、マリア様もあたしと同じ肌をしてる」サグラが肉桂《シナモン》色の指をつきだす。

「こうやってキリスト教を身近に感じさせて、インディオを懐柔《かいじゅう》してきたんだぜ」ユパンキは答える。

よけいなこと言わなきゃいいのに、敬虔《けいけん》なカトリック信者のサグラはふくれてしまう。ユパンキの不器用さに同情した僕は、話をそらす。

「あれってペルー版の最後の晩餐《ばんさん》かな？」

猫だかネズミだかわかんない動物が、丸焼きになってひっくりかえっている。

「クスコ名物、クイっていう小動物の料理だ。昼飯はこいつでも食いにいくか」

太陽の神殿《コリカンチャ》の土台に建てられたサントドミンゴ修道院には見事な石組みが残されていた。

「このカミソリの刃一枚通さないインカの建築技術を見ろよ」

ユパンキはさも自分が造ったとでも言いたげに、黒い手をペシペシたたきつける。

「三回もの大地震で、スペイン人が建てた修道院は崩れても、インカの石組みだけは、びくともしなかった。フレスコ画でおおいつくされていた壁の漆喰《しっくい》が剝がれると、この石組みが現れたっていうから愉快じゃねえか」

黄金の扉から乱入してきたスペイン人は、腰をぬかしたという。金の泉から水が流れ、金の石を敷きつめた畑に金のトウモロコシ、ジャガイモ、さつまいもが並び、金の豹、リャマ、アルパカ、金の祭壇、金の太陽像……それらを延べ棒につぶして本国に送ったんで、ヨーロッパは金のインフレになったほどだ。

「なあサグラ、おれたちは偉大なインカの子孫なんだぜ。つまんねえことでケンカしねえで大らかに愛し合おうよ、なっ、なっ」

サグラは愛らしい唇をとがらせてユパンキをにらんだ。

「あんたが約束を守ってくれたらね。忘れてないでしょう？　シャーマンに体を浄めてもらうのよ」

「わかったわかった、まずは体の内側をクイ様に浄めてもらおう。昼飯だ」

地元の家庭料理をだすキンタ・エウラリアというレストランに行った。テラスに植えられた朱や藤色の花がはっとするほど鮮明な輪郭で飛びこんでくるのは、透きとおった空気のせいだろう。三人ともクイ料理を注文した。世界ビールコンテストでドイツに次いで二位になったというクスケーニャビールをサグラがついでくれる。サグラに着物を着せて「おひとついかが」なんてやられたら、僕までころりと参りそうだ。コカコーラをストローですするサグラの唇が艶めかしく見えてしかたがない。

「ねえ、ユパンキもコカインなんかやめてコカコーラに代えなさいよ」

サグラはショルダーバッグからとりだしたコンドル柄のセーターを編みはじめる。もちろん実益もかねているが、彼女にとって編み物は平常心を保つための瞑想《メディテーション》だ。

「おまえなんにも知らねえのか、昔はこれにも本物のコカがはいっていたんだぜ。なっ、ドラッグ博士」

ユパンキは自分の立場を正当化するため、僕を利用する魂胆《こんたん》だ。

「たしか一九〇三年あたりから入れなくなったよ」僕は答えた。

「もうはいってないんだから、いいじゃないねえ」

サグラが僕の肩に手をまわしてきたんで、びくっとする。ユパンキはあくまでも言い負かすつもりだ。

「うんにゃ、ちがうね。清涼飲料水の糖分や漂白された砂糖も依存症や中毒をつくりだすりっぱなドラッグだ。おまえの大好きなハーシーチョコレートやココアもそうだし、コーヒー、紅茶もカフェインという薬物だぜ」

たしかに十七世紀にはじめてヨーロッパにコーヒーがはいったときには、麻薬として禁止されたし、バッハやバルザックもコーヒーによるカフェイン中毒で悩んでいたという。タバコはインディオから伝えられたが、十六世紀ヨーロッパで、喫煙者は死刑となった。アメリカの禁酒法はそんな昔の話じゃないし、いまだにいくつかのイスラム国で飲酒は極刑だ——などとは言わなかった。へたにユパンキの肩を持っていると思われたくない。

「タバコや酒は合法なだけにもっと危険だしな」ユパンキはあいかわらず自分の意見を押しとおす。

僕はのどを鳴らしてビールをあおり、肺いっぱいに吸いこんだタバコの煙をユパンキの顔面に吹きつけた。

「おい、アメリカでそんなことしたら懲役だぞ。いいか、ハンバーグにはいってるナツメグ、咳止めシロップ、頭痛薬、鎮痛剤と、世の中は危険な合法麻薬であふれかえっている。世の中みんな中毒者《ジャンキー》なんだよ」

ユパンキは僕が伝授した知識をさも得意そうに披露する。

「それって、自己弁護に聞こえるわよ」

クールに編み物をつづけながら、サグラも戦闘態勢だ。

「世界で一番危ないドラッグはテレビだな」夫婦喧嘩には巻きこまれたくないので、サグラをはぐらかす。「うちの親父なんか、朝から寝るときまでテレビを見てんだぜ。日本では子どもたちのファミコン中毒よりも、主婦や老人たちのテレビ依存症は深刻なんだ」

徹底した受動性、判断力の低下、リアリティーの喪失、この電子ドラッグは貴重な人生からあまりにも多くの時間を奪ってしまう。眼球に針を刺すわけじゃないから本人たちは気づかない、完璧な洗脳と重度の依存症に陥《おちい》っているってことに。

「そんなこと言ったら、お金とか、セックスもドラッグじゃない」サグラがふくれる。

「いちいち正解、ごもっとも!」

と叫ぶ僕に、ユパンキのJビーム（ジェラシー光線）が突き刺さる。

「穴兄弟になる気はないから安心しろ」

ユパンキにささやく。「なんて言ったの」サグラがそでを引っぱった拍子《ひょうし》に、ひじが乳房に押しつけられた。こいつ誘惑してんのか？　一見おとなしそうでいながら、ときどき大胆なことをする。

クイが運ばれてきた。モルモットといった感じの首のない丸焼きだ。ユカ芋やピーマンの肉詰めも添えられている。か細い足首を握り、かぶりつく。肉は少ないが、皮がカリカリに揚がっていて、肋骨《ろっこつ》まで食える。芳ばしく、クセになる味だ。

「クイを使うシャーマンに会いにいこうと思うんだ」ユパンキが言う。

これからどんなことが行われるかも知らないで、僕はクイを丸ごと平らげてしまった。


まず市場で八ソル（二百八十円）の生きたクイを一匹買いこんだ。男には牡《マッチョ》のクイ、女には牝《エンブリータ》のクイを使うそうだ。ぬいぐるみのようにおとなしくて、鼻をもにょもにょやる仕草が愛らしい。大恐竜時代、人類の祖先はクイにそっくりの哺乳類だったという。

町はずれにあるシャーマンの家を訪ねると、ずんぐりとした老紳士が現れた。白髪混じりのふさふさした髪、日焼けした目尻に温和なしわが刻まれている。七十六歳のバレーロ氏は、祖父の代からつづくこの道四十年のベテランだという。空色の壁に囲まれた中庭に案内された。万国旗ならぬ洗濯物が、幾重にもつりさげられている。

ユパンキは少し緊張した面持ちで、庭の中央に直立した。シャーマンは両手を広げ、ケチュア語の歌を唱えはじめる。うしろからクイをユパンキの頭頂部にあてる。ひたい、両目、鼻、耳、口、のど、首をクイでこすっていく。白と灰色の体毛が宙を舞い、汗ばんだユパンキの皮膚にはりつく。両腕、胸、はじめは暴れていたクイがぐったりとしてくる。腹、性器のあたりで、クイが小便を垂れ流した。もう死んでいるにちがいない。背中、腰、両足と、こすり終えた。

シャーマンは先の欠けた包丁でクイののどに切れ目を入れる。サグラが両手で目をおおう。器用に太い指を使って毛皮を剝ぎとっていく。半透明の粘膜にくるまれた内臓組織が白桃色に照りかえす。まるで靴下にズボンのすそを突っこんだまま、つなぎ服を脱いだ状態に、クイの足首から裏返った毛皮がぶらさがった。

「クイの精霊が魔を食べてくれる、彼の悪い部分がそのままクイに乗り移るんじゃ」

「まっさかあ」

疑り深い僕を制し、ユパンキが小声で耳打ちした。

「仕事で残酷な動物実験をしているとな、動物が自分の悲惨な運命を早くおわらせるために実験者が望む結果をわざと出してるんじゃないかと思えるときがしょっちゅうあるんだ」

実際シャーマンはクイをレントゲン写真に変えてしまった。

「おまえさん、こりゃ五十歳の体じゃ。左足のひざが悪いな」

「今は何ともありませんが、子どものころ釘が刺さったんです。よくわかりますね」

再び包丁で内臓を裂く。鮮血が噴きだし、にゅるにゅるっと緑色の臓物が盛りあがってくる。これを食べたかと思うと、僕まで吐きそうになる。水を汲んでおいた青いプラスティックの洗面器で血を洗い、内臓をひとつずつ点検していく。

「排尿のとき痛まないか？　膀胱《ぼうこう》が炎症を起こしてるかもしれん。肝臓が相当やられておる。腎臓と肺もよくないし、心臓にも負担がかかっとる。寄生虫がいるから虫下しを飲みなさい。鼻づまりも風邪じゃないな。ちょっと見せてみなさい。なんじゃこりゃあ！」

シャーマンのすっとんきょうな声に僕ものぞきこんだ。鼻腔粘膜《びこうねんまく》が溶けて、左右をつなぐ部分に穴があいているではないか。

ユパンキ（左）と
クイを使うシャーマン

「山へ行って、コカの精霊に謝ってきなさい。とにかく今までの生活をすっぱり断ち切ることだな」

ユパンキは三十ソルをシャーマンに払い、握手を交わした。サグラは早々に退散して外で待っている。

「それに浮気も控えるんじゃ。別の町にふたりの女がいるじゃろう。あんたはあの娘と結婚する運命にある。そして幸せになる。あんたが強い意志さえ持てればの話じゃがな」

穏和なシャーマンの眼が真剣味を帯びる。

「このままじゃクイではなく、あんたが生《い》け贄《にえ》になる」

第二歌　過剰摂取《オーヴァー・ドーズ》

むっちゃカックイイ音楽が聴こえてきた。

ホテルのとなりは外国人旅行者のたまり場、カミカゼ・クラブだ。サグラをむりやり引っぱって、喧騒のドアをくぐった。二階ではマリファナの煙のなかを、さまざまな国籍の者たちが踊り狂っている。ストロボライトにミュージシャンの白い衣装が点滅する。レゲエとフォルクローレとアフリカン・ミュージックをミックスさせたような音楽だ。しかも、ギターもベースもキーボードもない。パーカッションとヴォーカルだけでこれだけ強烈なグルーヴを出せるとはただ者ではない。チリから来たバトゥカーダというグループだ。楽器だけを持ちながら南米中を旅しているという。ユパンキがピスコサワーをおごってくれた。ブドウを蒸留した焼酎に、卵白、ガムシロップ、ライム、シナモンのさわやかなカクテルだ。下半分はレモン色に透きとおり、表面の泡がクリーミーだ。ひさびさに音楽と酒に酔った。

　引き留めるユパンキを残してホテルへ帰る。ベッドに寝っころがって天井の染《し》みをながめていると、小さくドアがノックされる。

　サグラだった。

「ユパンキはどうした」

「まだ踊りたいんだって」

　サグラは、蜂蜜色のほほを上気させて僕のベッドに腰かけた。

「あなた、ペルーになにしにきたの」

　僕は質問が耳にはいらぬくらい、唇の紅い光沢に見とれていた。女は海……人間の内側につづく部分はすべて濡れている。目、鼻、口、性器、僕はあわてて目をそらし、天井の染みをながめた。

「なにしにって、そのう……精霊を探しにきたのさ」

　サグラは小さく噴きだし、いたずらっぽく僕の目をのぞきこんだ。

「ずいぶんロマンチックなお話ですこと！」

「ロマンチックどころか、タイヤで殴られて金を取られたり、飛行機でゲロを吐いたり、ひどいもんさ。二〇〇〇年のカウントダウンまでにブラジルのアマゾンに行こうと思ってたけど、もうどうでもいいや。いじわるばっかする精霊なんか会いたくもねえよ」

「わたしも、どうでもよくなってきた」

サグラは大きなため息をつくと、僕のとなりに横になる。あせった。必死で平静を装いながらも、金縛り状態だ。

「小さいころからずっとユパンキに憧れてきたわ。頭が良くて、行動力があって、お金持ちで、なによりとってもやさしかった。でも疲れちゃったの」

僕が頭のうしろで組んでいた腕のくぼみにサグラの頭がすべりこんできた。ラベンダー・シャンプーの香りが無性に胸をせつなくさせる。片手でサグラの頭を抱きよせた。僕のわき腹に押しつぶされたバストから、熱い鼓動が伝播《でんぱ》してくる。サグラが顔をあげた。口のきけない幼児が訴えかけるように、切実な瞳は濡れていた。発情した唇が喘《あえ》ぎながら近づいてくる。生臭い牝の吐息に股間が放熱する。

「あばずれ野郎《ブータ》！」

爆音とともに蹴り開けられたドアには、ユパンキが仁王立ちしていた。緋色に充血した目は、怒りでこぼれ落ちそうだ。

「わたしたちはなにも……ひっ！」

かけよるサグラのほほを、平手打ちが破砕《はさい》した。

きりもみ状に突き崩れるサグラがサイドテーブルの足をすくい、落下した灰皿から噴煙があがる。

「こんな牝犬はおまえにくれてやる」

ユパンキは僕の部屋を飛び出し自分の部屋に閉じこもった。床で放心するサグラを抱き起こし、ベッドにかけさせる。

「ごめんなさい、あたしが悪かったわ」

となりの部屋から、ガタッとなにかが落ちる音がした。サグラは丸い肩をさらに小さくしてドアをでた。つぎの瞬間、線路が軋むような悲鳴が上がった。サグラが僕の部屋のドアに体当たりし、蝶番《ちょうつがい》のへりから塗料のかけらがこぼれ落ちる。手首をつかまれ、となりの部屋に引っぱっていかれる。注射針を刺したユパンキが、床にころがっていた。

「OD……過剰摂取《オーヴァー・ドーズ》だ」

すべてのジャンキーの無意識層には、自殺願望がある。

うっすらとひたいに汗が浮きだし、開いたままの口から流れだしたよだれが凝固しかけている。不気味に揺れる針を引き抜くと、ぷっくりと血が盛りあがり、表面張力を破ってすべり落ちた。ユパンキの胸に耳を当てる。……心臓は止まっていない。かすかに肺も上下している。まぶたをつまみあげると、瞳孔が拡大していたが、これもコカイン特有の症状だ。

「だいじょうぶだ、このまま動かさずに様子を見よう。三十分たっても気がつかなかったら救急車だ。ハンカチをしぼってひたいに当てといてくれ」

サグラは小さな背中をひくつかせながら、バスルームに飛びこんでいった。僕はテーブルのうえにあった茶色い小瓶をとりあげる。白いキャップの内側に小匙がついている専用の瓶だ。小指の第一関節ほどのコカインがつまっている。ペルーでは一グラム、千円程度で買えるという。こいつの恐ろしさは痛いほど知っている。……白い結晶粉末をトイレに流した。

「北アメリカ《エル・ノルテ》に行ってから、あの人は変わったわ。ユパンキの皮をかぶっていても、なかには別人がはいってる、そんな気がするの。結婚したらニュージャージーに住もうって言っているけど、わたしはこの村にもどってきてほしい。貧しくてもいいから、神様の近くで暮らしたいのよ」

ハンカチをのせたとたん、ユパンキが呻《うめ》いた。

サグラが音がするほど床にひざを折ってすがりつく。

「天使はおまえだったのか」

ユパンキが両手でサグラの髪をかきまわす。

「おっと、すぐに血管を揺り動かさないほうがいい。しばらくそのまんま寝ているんだ。サグラ、一階のカフェからカモミール・ティーをテイクアウトしてきてくれ」

僕はなるべく枕を低くつぶしてから、ユパンキの頭にすべりこませた。

「いいか、注射だけはやめろ。鼻腔粘膜から吸引するのと、静脈注射とでは同じコカインでも別物になる。僕もスピードボール（ヘロインとコカインの混合液）で逝《い》きかけたことが何度かあるよ。ハーレムホスピタルやサウスブロンクスの針治療にかよってカモミール・ティーを飲まされていた」

「とんだ退役軍人《ベテラン》がいてくれて助かったよ。コカイン中毒の野獣を治す獣医ってとこだな」

このおぼっちゃまは、まわりの人間に助けられるのを当たり前に思っている。

「いや、おまえの主治医になる気はない。金輪際おまえとのつき合いはおしまいだ」

湯気の立ったソーサーを抱えたサグラと入れちがいに、僕は決然とドアを閉めた。

第三歌　空中都市

翌朝六時、僕はひとりで出発した。

山上の古代都市マチュピチュを目指す。やつらを残していくのは卑怯《ひきょう》かもしれない。しかし結局はふたりの問題だ。正確に言うと、あの自己破滅型インテリ・ジャンキーが改心しない限り問題は解決しない。

駅前には早くも長蛇の列ができている。自分でならべば往復三十ドルのチケットが、旅行会社のツアーでは百二十ドルもとられる。だから貧乏旅行者は、八時にあく切符売り場に二時間も前からならぶんだ。しかも今日のではなく、明日のチケットのために。列に加わるまえに、腹ごしらえだ。目のまえの市場で、評判のキヌア・シェークを買った。値段は百円と、けっこう高級品だが、ゴマよりも小さな穀物に卵黄と濃縮牛乳をミキサーにかけた栄養満点のシェークだ。キヌアにふくまれる鉄分は白米の五十倍、食物繊維は三十倍、カルシウムが十七倍というから驚きだ。

列の最後尾についてシェークをすすっていると、怪しいおやじが声をかけてきた。

「今日の往復チケットを買わないか。四十ドルで、一日節約できるんだからすばらしい買い物だろう」

ダフ屋だ。もちろんにわかには信用しない。うしろの人に順番を確保してもらい、駅横のカフェに連れられていった。なんとダフ屋はカフェの主人がやっていた。いちかばちか賭けてみるしかない。少なくともあのホテルにもどって明日の朝に出発ってのは、さけたかった。

改札をぬけたときには叫びそうになる。ラッキー！　チケットはちゃんと使えた。僕は突き上げる笑いをこらえながらローカル列車に乗りこんだ。しかし出発したかと思うと、またうしろにバックする。今度こそ出発したかと思うと、またうしろにバックする。となりのアメリカ人が教えてくれた。「最初の坂が急なので、はずみをつけている」おいおい除夜の鐘じゃねえんだからと思いながらも、うしろ髪を引く手をふりはらいたかった。火炎竜は黒煙とともに火の粉を噴きあげる。なんだか応援したくなるくらい人間的な列車だ。いったん坂道を越すと、力強く疾走する。いいぞ、いいぞ、ドラゴン号。走れ、走れ、走れ！　右手に東アンデスの峰が切り立ち、左手には遥かヴィルカバンバ山系が霞《かす》む。トレッカーたちが歩くインカ道が見え隠れし、ウルバンバ川の濁流が打ち捨てられたペットボトルを攪拌《かくはん》する。耕すもののない段々畑《アンデネス》の石組み、金色になびくトウモロコシの穂、紫の花畑に黒牛が糞塊のごとく寝そべる。一瞬静止した風景が、膨張し、引き伸ばされ、後方へちぎれ飛んでいく。

地上からは、なんにも見えなかった。終点のマチュピチュ駅で降り、バスで坂道を登る。バカ高い十ドルの入場料を払ってゲートをくぐり、湿った石段をかけあがった。

マチュピチュはケチュア語で「年老いた峰」という意味だ。一五三六年ごろ、スペイン人の支持によって王座についたインカ・マンコ王は、反旗をひるがえしヴィルカバンバで抵抗をつづけた。一九一一年七月、アメリカ人の歴史学者ハイラム・ビンガムは伝説の隠れ家マチュピチュを発見したが、黄金などの財宝は運び出されていた。インディオ特有のあいまいな表現によればヴィルカバンバは「もう少し先」にあるというが、いまだ発見されていない。

なんなんだ、こいつは⁉

絵ハガキと寸分もちがわない風景なのに、呆気《あっけ》にとられる。自分の体ひとつ登ることさえ大変な山頂に、車輪も使わずどうやってこんな巨石群を運びあげたんだ。一万人都市を丸ごとワープさせやがった……。

恐ろしい斜面に切りつけられた段々畑、整然と計画された家並み、精巧に組み上げられた石の神殿、なによりも背景は山の頂なんだぜ。

聖地というのは、あてずっぽうに選ばれたわけじゃない。遺跡をガイガーカウンターなどで物理的に測定すると、高レベルの背景放射能や磁場の異常などが見られるところも多い。北米やオーストラリアの先住民たちが政府に強制移住させられたのは、彼らの聖地に金やウラニウムなどの鉱物資源が眠っていたからだ。渡り鳥や伝書鳩、サケやマスなど、動物や昆虫たちは人間よりはるかに高性能の探知機をもっていて、磁気、地電流、赤外線、超音波などの微細な変化を感知する。古代の人々は、現代人ほど感覚が退化してなくて、同相《インターフェイズ》の振動を読みとっていたのだろう。

ダイヤモンドダストが中空に散光し、霧雨《きりさめ》となって降りてくる。旅行者がまとうレインパーカ

マチュピチュの風景

ーは、列車や入り口で売られていたものだ。赤、黄、青、緑、鮮やかな点描が古びた遺跡に拡散していく。雲にさえぎられた陽光がプラスティック素材に照り返し、ビーズをまき散らしたようだ。僕の感傷をかき乱す雑音に曇り空を見あげた。ヘリコプターだ。どこのお金持ちかは存じませんが、天から降りてくるアホがいる。

僕は養老院の修学旅行みたいな日系人グループにまぎれて、説明をただ聴きした。サイフォンの原理でつくられた灌漑用水路、見事なカーブを描く太陽の神殿、三つの窓を持つ神殿の手前には蛇が刻まれた石、神殿の先には高さ一・八メートルの日時計《インティワタナ》がある。ここから空中都市の全景が見渡せる。墓地への階段を上る。百七十三体のミイラのうち、男性のものはたった十三体しかなかったという。マチュピチュが太陽の処女のために建てられたというゆえんだ。

「誰だ」

いきなり目隠しされた。温かい指肉の感触、ラベンダーの香り、サグラだった。ウッソだろう、おい。僕がホテルを出るときにもなお、彼女のすすり泣きが聴こえていたはずだ。

「ヘリコプター・ツアーよ。空から見たマチュピチュはオモチャ箱だったわ」

サグラはあっけらかんと笑った。

「二百ドルも払ったのか」

「パトロンはあそこで瞑想中よ」

段々畑の突端に、青いピラミッドがあった。霧雨に濡れたレインパーカーがオブジェのごとく鎮座している。うしろから忍び寄った僕は、ユパンキの背中を突き飛ばした。

「な、なにすんだ……あんたかあ！　やっぱりここにいたんだ」

「それは、こっちのセリフだぜ。ヘリコプターで降臨して、ZEN瞑想とはいい気なもんだ」

僕たちは互いの腹を、社交辞令とはいえないほどどつき合った。

「あんたに盗られそうになって、サグラの大切さがわかったよ」

きつい一発がみぞおちにはいった。僕はむせながらも、さらにきついボディーブローをお見舞いする。

「わかったんなら、甘えん坊を卒業しろ」

ユパンキはひざを折って倒れこんだ。サグラがかけよってきて、僕の腕を高々と掲げた。

「この痛みがおれに生きろって教えてくれるんだ」

山の稜線《りょうせん》に沿って雲がなだれ落ちていく。

「いいか、たしかにドラッグは、ストリート大学の名誉教授だ」僕もやつの横に寝転がった。

「僕の創作の原点は、すべてドラッグから教わったよ。地獄のレッスンがなかったら、今の自分はない。た、だ、し、卒業できたから言える話だ」

僕はユパンキの鷲鼻をつまみあげた。

「ああ、本気で卒業証書が欲しくなったよ。おれも命がけでリハビリしてみせる」

シャーリー・マクレーンが幽体離脱したという温泉は、ビデオで見た神秘的なものとはえらいちがいだった。開放的な野外プールといったおもむきだ。百七十五円の入場料を払って、クソ寒いなかを水着に着替える。サグラのプロポーションに目を見はった。白人的グラマラスさとは対照的な、野性の優美さだ。ブーゲンビリアをちりばめた真珠色のレオタードがおしりにキュッと食いこんでいる。美しい曲線を誇るヴィルカバンバ山系だって、この起伏には頭がさがる。

「なに見とれてんだよ！」

湯気の舞う露天風呂に突き落とされる。底には玉砂利《たまじゃり》がしきつめてあり、半透明の湯が立った首のあたりまでくる。縮こまった毛穴があぶくをあげて花開いていくのがわかる。ユパンキもつづいて飛びこんだ。水中で足を払って沈めあう。温泉には不思議な親和力がある。きのうの葛藤がウソのように、僕たちを親密な気持ちで結びつかせてくれる。

「極楽、極楽、インカの連中はスペイン人から逃げてきたんじゃなくて、温泉目当てにマチュピチュへ引っ越したんじゃねえか」ユパンキが言う。

僕は、一万人都市の廃墟を頂上に隠したヴィルカバンバの峰を見あげた。鮮烈な深緑が水滴に身を震わせながら、謎の微笑みをたたえている。

「でもマチュピチュから宝は一切見つからなかったんだろう。連中が逃げのびていった秘密の隠れ家ヴィルカバンバってのはどこにあんだろうな」

大空一面にたれこめた灰色の真綿から小雨がしぼりだされ、サグラは大きく口を開けて受けとめようとする。どしゃ降りの雨が水面を毛羽立たせた。服を着ているから雨を憎む。素っ裸で雨に打たれることほど気持ちいいことはない。ユパンキはさりげない表情で、奇想天外なことを言いだした。

「エクアドルにもヴィルカバンバって名の長寿村があって百六十歳の老人がいるそうだ」

「おい、冗談だろ。長寿大国の日本だって百歳ちょっとが限界だぜ」

「長寿の秘密は、シャーマンが使うサンペドロという幻覚サボテンにあるらしい」

なんだって！

僕のなかで眠っていたものが、たたき起こされた。こんなぬるま湯にひたっている場合じゃない。死んだ遺跡より、生きている知恵に会いたい。なによりも、その幻覚サボテンが僕を呼んでいた。

煉獄篇

エクアドル、ペルー

私は歌おう。
人間の魂が浄められて、
天に昇るのにふさわしくなる
この第二の世界を。

ダンテ『神曲』煉獄篇より

ヴィルカバンバ

第一歌　二百二十四歳の夫婦

はたして人は、百六十歳まで生きられるものだろうか？

クスコから飛行機でリマにもどり、ひたすら十五時間も北上するバスのなかで考えていた。急激に進化するバイオテクノロジーが不老不死を手に入れても、「長生きは楽しいのか？」という基本的な疑問が残る。ペルー北端の町ピウラからエクアドル行きのバスに乗り、国境を越える。ロハという町までは九時間。老人たちから答えを聞けるヴィルカバンバへは、一時間ちょっとだ。

乗合タクシーの窓を開けても、寒くはない。日本の初夏を思わせる心地よい気候だ。見上げれば、いたずら好きの風が雲の衣をひきちぎり、空へ微塵《みじん》にちりばめる。萌黄色にやわらむ山肌に落ちた群雲《むらくも》は羊たちだ。白い漆喰の壁に赤い素焼きの瓦をのせた家が谷あいの村に集まっている。粗末な家の窓辺を飾る豊かな花々が、川原の石に並べられた洗濯物と色彩を競う。枝に引っかけてわたしてある電線の下を、さとうきびを山と積んだロバがよろめいていく。小さな教会の前にある広場におろされた。長寿の村ヴィルカバンバだ。

新しい町に着いたら宿探しからはじめるのが旅行者の鉄則だ。ところが、広場の片隅にある観光案内所《ツーリスト・インフォメーション》にいきなり質問してしまった。

「百六十歳の人はどこに住んでいるんですか？」

机ひとつの案内係は言葉につまったあと、笑いだした。

「はっはっは、人間がそんなに生きられるわけないじゃないですか」

……だまされた。

コカイン中毒者《ジャンキー》の妄想につきあって、僕ははるばるエクアドルまで来てしまったんだ。

本人だってだます気がないのはわかっているが、クスコの空港へ見送りに来てくれたユパンキの純真さを恨んだ。

「百二十六歳のロアさんはすぐそこに住んでますけどねえ」

案内係はこともなげに言った。百六十歳は非常識だが、百二十六歳は常識とでもいうみたいに。

「このへんだと、百歳のココスさん、百二歳のマカンチさん、百五歳のゲジェーロさんがいます。山のほうにも長寿者はたくさんいるでしょうが、ここでは把握できていません」

案内係は観光地図に老人たちの家を書きいれてくれる。


「ブエノスディアス（こんにちは）」

質素な煉瓦造りの家をのぞくと、ロア夫妻は食事中だった。

おしゃれな紫のドレスに新品の麦わら帽子をかぶったおばあちゃんが、しっかりとした足どりで出迎えてくれる。しわしわの唇とつるつるのほっぺをしたアヴィラおばあちゃんは九十八歳。

茶色のカーディガンに麦わら帽子をかぶったアルベルターノおじいちゃんは百二十六歳。一八七三年生まれだから、なんと三世紀にもわたる人生だ。おじいちゃんは目がほとんど見えないらしく、豆とごはんのスープをボロボロこぼしていた。質問をしようにも耳が聞こえないが、僕が握手をするとムニョムニョ笑った。手についたご飯粒を床に落とすのもなんなんで、ズボンのポケットに入れた。

「五十、六十は娘盛り、七十、八十は働き盛り、九十になって迎えが来れば、百まで待てよと追い返せ」とテレビで味噌屋のおばあさんが言っていたが、スケールがちがう。ふたりあわせて二百二十四歳の夫婦だ。

「なんか、長生きの秘訣ってあるんですか」

おばあちゃんにつきだされた柄杓の水を飲む。う〜ん、くせがなく、ほんのり甘い味がする。

「ここの水は硬水でね、料理だってなんだっておいしくなるのさ。肉や脂身なんて祝いのときしか食べられないし、安い穀物や野菜ばっか食っとるんじゃ。おまけにあたしら百姓はよく働く。定年なんてないから、死ぬまで現役さあね。アルベルターノも五年前まで畑にでてたし、あたしは今でも野菜くらいは自分でつくってるよ」

台所の出口には土のついた鍬《くわ》が立てかけられ、物の少ない部屋はきちんと片づいている。

「でもな、本当の長寿の秘密を教えてあげようか」

おばあちゃんはいたずらっぽくウインクした。ドキッとなるくらいチャーミングだ。

「マンダンゴ山さ。あそこにはインカの女神が眠っているんじゃよ。反対側の山からながめたら

合計224歳の夫婦

すぐわかるさ」

案内所でもらった地図にマンダンゴ山がのっていたので、明日にでも確かめてみよう。僕はさっそく核心をついた。

「サンペドロはやったことがありますか」

おばあちゃんは、ふうっと記憶をたぐりよせる。裏口から射しこむ光の帯に時間の粒子《りゅうし》が遊泳する。

「ああ、ありがたいものじゃ。ただしあれは、むやみにやったらいかん。薬で治らない病気や解決できない悩みを抱えたときだけ、サンペドロの精霊におたずねするんじゃ。橋むこうのトレド先生や、厳しい修行をつんだシャーマンしかあつかえない特別な物じゃよ」

なんでこんなに心が安まるんだろう。老人たちといると、生き急いでいる自分が恥ずかしくなる。

おばあちゃんは僕にマンゴーをひとつくれた。空気のぬけたビーチボールみたいに柔らかい手だった。鍬をにぎり、汗をぬぐい、夫を抱き、赤ちゃんをあやし、無数の握手とさよならに振ってきた手だ。人々は通りすぎ、深いしわだけが残った。それらの運河はふたたび海へ帰ろうとしている。

三人の長寿者の家を訪れた。百歳のココスおばあさんは、ひ孫にプレゼントされたというミッキーマウスのトレーナーを着ていた。六十六歳の娘、イネスさんといっしょに暮らしている。目をくりくりさせて微笑む仕草がたまらなく可愛らしい。

百二歳のマカンチおじいさんは、長身でそうとうモテたという。孫が営むレンタル・ビデオ屋の奥で、優雅な老後を過ごしている。

百五歳のゲジェーロじいさんが傑作だ。長いシャベルをかついで農作業から帰ってきたところだった。自らダンスパーティーに出かけていき、さとうきびの焼酎をあおり、若い娘とサルサを踊るのが楽しみだという。じいさんが腰をくねらすさまに大笑いし、思いっきり幸せな気分になる。

老人はもう、半分精霊なのかもしれない。


村で一番静かな宿といって紹介されたルミ・ウィルコというロッジにむかった。町をぬけ、川沿いの小道を進んでいくと、斜めに崩れ落ちた橋がある。ねじ曲がった欄干《らんかん》につかまり、カニ歩きでわたり終えると、小高い山の中腹にあるロッジが見えた。

オーナーのオランドが温かく迎えてくれる。赤い瓦屋根は竹で支えられ、テラスに吊るされたハンモックに心地よい日陰をつくりだしている。日干し煉瓦でつくられたバンガローのまわりは圧倒的な緑に囲まれ、共同のキッチンと冷蔵庫、水シャワーもある。値段はわずか三百円、僕はいっぺんでここが気に入った。

オランドに教えてもらった瞑想《メディテーション・ロック》岩に登る。大きく突きだした岩のうえに腰をおろすと、絶景に目を見はった。眼下に流れるチャンバ川のむこうに村の全景が広がり、流麗な峰々が波打っている。アヴィラおばあちゃんにもらったマンゴーをかじった。

「あれがマンダンゴ山か」

だいだい色の果肉がべったりとこびりついた人差し指を宙につきだし、美しい稜線をなぞってみる。せりだした額、目のくぼみ、とがった鼻、豊かな胸、なめらかな腹部、太ももからつま先……おお、まさに横たわった女神だ。これを偶然と片づけるより、女神に守られていると思う感性自体が、長生きの秘訣なんじゃないかな。

火脹《ひぶく》れした太陽が鱗雲《うろこぐも》を炙《あぶ》り、壮大な夕焼けがはじまった。

雲間《くもま》を破って放射されたヤコブの梯子《はしご》が、地をはなれ、巻きとられ、吸いこまれていく。手を伸ばしても届かない光の王国。夕暮れが人々の心をこんなにも切なくさせるのは、失われていく光への郷愁なのかもしれない。インカの女神はブロンズのシルエットに切りとられ、薄暮の毛布が降ってくる。夜空で無音の花火が爆発した。すさまじい数の星々が降り注いでくる。驚いた。本当に星が落ちてきたからだ。星は草原を跳ね、木々を旋回し、楽しげに浮遊する。僕はすっかり心を奪われ、それが蛍だったことに気づくまで時間がかかった。

長寿の村ヴィルカバンバは、まさに地上の楽園にちがいない。

第二歌　幻覚サボテンを求めて

「トレドさんいますか?」

おじいさんは耳が遠いらしく、僕は門のそとから大声で叫ばなくてはならなかった。八十歳になるシャーマンは、わきの下が黄ばんだ空色のパジャマを着ている。

「あのう、サンペドロについて教えていただきたいんですけど」

おじいさんは黙って僕を軒下のベンチに招いた。寝乱れた白髪と霜柱状の無精ひげが、百歳を越えた長寿者たちより老いを感じさせる。

「わしはもう引退したよ」

「お話だけでもいいですから。サンペドロのことを知りたくて、わざわざやってきたんです」

おじいさんは僕の目を推し量っている。

「警察がうるさくなってなあ。近郊のサボテンは刈られてしまったよ」

「せめて作り方だけでも教えてもらえませんか？」

もとシャーマンは、はらってもはらってもすがりつく視線に根負けした。

「うむ、おまえさんの眼は遊び半分じゃなさそうじゃ。いいか、一度しか言わんぞ。まずサボテンの長さは、人間のひじから先くらいのものが一番じゃな。若すぎず、老いすぎず、精霊の蜜をたくさん含んでおる。一般的には六角形がほとんどじゃが、貴重な七角形がもっとも強い力を発揮する。それを輪切りにして一日中煮こむ。三十リットルの水が一・五リットルになるまでな。作り方は簡単でも、強い精神《スピリット》が必要じゃ。必ず厳しい修行を積んだシャーマンに導いてもらわんとな。村はずれのフランシスコ・トレドのところへ行きなさい。やつは現役じゃからのう」

僕はタクシーでもうひとりのトレド氏を訪ねた。マンダンゴ山にまわりこむ丘に古い家があった。トレド氏は現在三十七歳、二十歳からシャーマンをつづけているという。小さいががっしりした体つきが、頑健な印象を与える。

「二十年前に日本人が長寿の調査に来たよ。オオタニ・コキチさんだ。彼の寄付によって病院が建ったんだ。それまで治療はすべてシャーマンがおこなっていた。長寿の秘訣はシャーマンがにぎっていると言ってもいいだろう」

「どんな儀式をおこなうんですか」

僕は遠回しに訊ねた。

「毎年七月にはロサ・マルガリータ湖で大きな儀式《メサーダ》をやるが、ふだんは火曜と金曜の夜に患者たちが集まる。占いにはタロットカード、治療は薬草を使うんだ」

そろそろ切り出してもいいだろう。

「もちろんサンペドロも？」

好意的だった態度に、険が立つ。

「悪いがサンペドロは置いてない」

どうやら機嫌を害したらしい。僕はしかたなく退散した。タクシーの運転手が知っているというシャーマンに最後の望みを託すことにした。

ヴィルカバンバから車で一時間ほど行ったパルミナ村に住むブリート・アヴィラ氏だ。

小高い丘の頂上に、簡素な泥造りの家はあった。すでに四人ほどの患者が集まっていたが、アヴィラさんはまだ畑仕事からもどってきていない。この村に病院はなく、アヴィラさんが薬草で治している。しかも出産まで、ほとんど無料で奉仕しているというんだ。これこそシャーマンが本来あるべき役割じゃないか。麻袋に採取した薬草をつめてアヴィラさんが帰ってきた。よれよれのナイキ帽と汗まみれのアディダス製Tシャツ、汚れたズボンのチャックが半分開きかけている。やさしそうな目を細めて笑う気のいいおじさんだ。もうダメもとで、率直に訊ねた。

「サンペドロをもってらっしゃいますか？」

「薬草では治らない病人だけにしか使わんよ。残念ながら、旅行者にお分けすることはできん。どうしてかわかるかね」

シャーマンは眉間にたてじわをよせ、奥深いまなざしを翳《かげ》らせた。

「三、四年前にたくさんの西洋人が逮捕された。サンペドロを飲み、ロックを大音響でかけ、乱交パーティーをもよおした。ある者は全裸で道に飛びだし、ある者は部屋の窓をたたき割り、ある者は自分は神だと叫んでいた。サンペドロを売ったシャーマンも逮捕されたよ。旅行者が我々の伝統を破壊したんだ」

僕だけはちがうと説得する自信がなかった。

「いいか、人間の快楽には二種類ある。ひとつは性欲や食欲などの肉体的快楽、もうひとつは精霊の世界とつながる精神的快楽だ。サンペドロは後者のためだけにある。人間が植物を選ぶのではなく、植物が人間を選ぶんだ。君に準備が整えば、サンペドロのほうから喚《よ》んでくれるだろう」

僕は打ちひしがれて帰路についた。しょせんシャーマンは秘密をあかしてくれない。僕は喚ばれてないってことだ。

「ちょっと止めてください！」

藪のむこう側には信じられない光景が広がっていた。なんと大量のサンペドロが横一列に密生しているではないか。

わきの下からいっせいに汗が滲《にじ》みだし、僕は自問自答した。

これを、サンペドロから喚ばれていると解釈していいのか？

ひじの長さにぴったりのものがあった。し、しかも七角形だ。タクシーの運ちゃんは、野性のものだからとってもかまわないと言う。慎重にアーミーナイフで切りとる。鋭い棘《とげ》が中指をさし、ルビーの鮮血がこぼれ落ちた。幾重にもシャツにくるんで抱きかかえる。

まさに精霊の赤ちゃん《スピリチュアル・ベイビー》だ。

第三歌　スピリチュアル糞《シット》

その夜、僕は赤ちゃんと添い寝した。

家族から切り放されたサンペドロの精霊が寒くないよう、頭の部分だけだして毛布にくるんだ。

ぷちっ、ぷちっ、ぷちっ……。

なにかが、はぜる音で目覚めた。

群生するサンペドロ

ネズミだろうか、何者かが壁を引っかいている。耳を澄ますが、幻聴じゃない。ふと、子どものころ読んだ恐怖小説を思い出した。

老夫婦は、ミイラになった猿の手をとある船乗りから手に入れた。猿の手は、三つの願いをかなえてくれるという。

ひとつめを願った。

「お金持ちにしてください」

たしかに願いはかなった。息子の事故死により、莫大な保険金がはいってきたんだ。老夫婦は、悲しみに打ちひしがれる。

二つめのを願った。

「息子を返してください」

ひっそりと静まりかえった深夜、不気味な物音が近づいてくる。腐乱死体が墓場から起きだしてくる音だ。老夫婦は恐怖に竦《すく》みながら、じりじりと近づいてくる音に耳を澄ました。玄関ドアがノックされた瞬間、

三つめの願いを叫んだ。

「息子を消してください！」

開けた玄関のそとには、なにもなかった。

飛び起きて、ドアを開ける。

ぎえっ！　首筋に落ちた雨垂れに卒倒しそうになった。しのつく雨が緑をけむらし、暗闇は沈黙を守ったままだ。やっぱり空耳にちがいない。ベッドにもどって毛布をかぶると、寝息が聞こえてきた。となりは空き部屋だ。まさかと思い、サンペドロに耳を当ててみるが、なにも聞こえるはずはない。寝息は遥か遠くから、しかも生々しく聞こえてきた。


早朝から枯れ枝を集め、焚《た》き火《び》の用意をした。オーナーに見つからないにこしたことはない。瞑想岩のさらにうえの空き地に、大鍋、包丁とまな板、水のはいったポリタンクなどを運びあげた。

スピリチュアル・ベイビーの産着《うぶぎ》をほどき、棘《とげ》を一本一本ていねいにぬいていく。長さは一・五センチほどで、太さは縫い針くらいあり、指先が赤くなるほど力を入れないとぬけない。こうしてサンペドロは動物から身を守ってきた。この棘をぬき、火を使って煮つめることができる動物、つまり人間にしか幻覚の恩恵は与えられない。いや、動物には幻覚など必要ないんだ。自然とのリズムを大きく逸脱してしまった人類に警告を与えるため、幻覚植物が送りこまれてきたのかもしれない。

刃を突き立てた。

緑の柔肌が、さっくりと包丁を吸いこむ。急に悲鳴でもあがらないかとビビっていたが、スライスは見事な七角形を描いて倒れた。緑の外皮に縁取られた中身は、キュウリのように真っ白だ。

サボテンの外見を眺めていたのではわからない感動だった。僕が包丁をおろすたび、星が生まれる。

空模様があやしい。いそがなくっちゃ。サフラン色の琺瑯鍋《ほうろうなべ》に、美しさを損なわないよう、一枚一枚螺旋状に積み重ねていく。水を注ぎ入れると、若葉色の汁が浸みだしてきた。

焚き火を囲む石のなかに、小枝をピラミッド状に組んだ。その下には消し炭と脂分を多くふくむ松ぼっくりをころがす。点火ポイントから徐々にきつくねじった新聞紙に火をつけた。焚付けに適した針葉樹の小枝がはぜ、たちまち火力の安定した広葉樹に燃え移る。僕は慎重にサンペドロの鍋を火にかけた。

なぜこんなにも火は、人間を魅了するんだろう。

オリンピックの聖火も、放火魔のエクスタシーも同じ起源をもつ。人間は、太陽を引きずりおろし、自らの手で火を支配するために、疑似太陽——原子爆弾まで創り出さずにはいられなかった。

轟音とともに天蓋が揺れた。雷だ、雨がくるかもしれない。

おそらく、はじめて火を使いはじめた原人も、雷に燃えあがった木から火の精霊を洞窟に運んだんだろう。もちろん精霊も、人間と同じく食物を与えないと死んでしまう。燃えやすい枝を選別し、火を守る番人が必要だった。ただ生きのびるためには、狩りや木の実の採集で十分なはずだ。生存に直接必要のない専門職に、人々は特別な地位を与えた。

シャーマンの誕生だ。

輪切りにしたサンペドロ

シャーマンは、宗教と文明の起源、火とともに生まれた。

「なにをやっとる！」

オランドが全身を戦慄《わなな》かせて立っていた。

「もう一度訊く。おまえは、わたしの顔にいっ、いったいどんな、い、いっ、クソをなすりつけようというんだ」

「僕は、ただスピリチュアル・ベイビーを……」

雲を引き裂く雷光を背に、オランドが仁王立ちする。外眼筋を小刻みに痙攣させながら、サンペドロの鍋に刮目《かつもく》している。

「わたしたち夫婦はガラパゴス島でガイドをしながら、こつこつと金を貯め、やっとのことでこの土地にロッジを建てたんだ。もしここに警察が踏みこんだら、即時営業停止、アルゼンチン人のわたしは国外退去となるだろう」

オランドは人差し指で僕の胸を小突きながら迫ってくる。

「わたしだけじゃない、妻にも、娘たちの将来にも、おまえのスピリチュアル糞《シット》をぬりつけるつもりか」

オランドは沸騰した鍋を素手でつかみあげると、宙にむかって放り投げた。緑の星が舞い、熱湯が僕のほほから耳たぶにかかった。バウンドした琺瑯鍋から、星が地に落ちる。

なにかに熱中すると、まわりのことなど見えなくなってしまう自分が情けなかった。僕のエゴのせいで見ず知らずの家族を危険におとしいれてしまうなんて、乱交パーティーのやつらと変わらないじゃないか。

「葬式だ。その忌まわしいサボテンを埋めるんだ」

　僕は無惨に打ち捨てられた星々をひろい集める。太さにあわせて並べ替え、もとの形を再現する。オランドが柄の長いシャベルを突きだした。それほど深い穴は必要じゃない。わずか四十センチの赤ん坊が、安らかに眠れればいい。僕はサンペドロを墓穴に横たえる。手を真っ黒にして土をかけた。オランドもなぜか、やりきれない顔をしてる。

　長寿の村で流産した星の赤ちゃん……たつの落とし子のまま四十一日間の命を終えた風《レラ》がよぎる。

「どうしてもサンペドロがやりたいんだったら、ペルーの聖地、ワンカバンバへ行けばいい」

ワンカバンバ

第一歌　奇跡

百ドルの儀式なんて、ぼったくりじゃねえか！

エクアドルからペルーのピウラにもどり、山道を八時間もバスに揺られて、シャーマニズムの聖地ワンカバンバに着いたところだ。山奥の辺鄙《へんぴ》な村なのに五つのバス会社が乗り入れるバスターミナルがあり、ピーク時には月一万五千人もの人々がシャーマンを求めてやってくるという。ターミナルにはインフォメーションの窓口が設置され、案内係は八十人ものシャーマンがリストアップされた名簿から顔をあげた。

「もっとも高いシャーマンは三百五十ドルもとるんです。その他の重要なシャーマンはいずれも三十ドルから五十ドルほどです」

一般公務員の平均月収が百五十ドルというペルーの物価からしたら、べらぼうな金額だ。日本人の平均月収が三十万円としたら、誰が恐山のイタコに六十万円も払うんだ。僕たち貧乏旅行者にとっても、かなりの痛手なのは言うまでもない。

こんな高い金ぶんどるシャーマンなんかインチキに決まってる。しかしあこがれのサンペドロをまえにして、引きさがるのもくやしい。思案に暮れる僕のよこを、松葉杖をついた男と少年がとおった。

「ドン・シプレアーノさんの家へ行きたいんですが」

朴訥《ぼくとつ》でささやくような話し方に切実さがにじんでいた。商業主義に毒されたこの聖地に落胆していた僕は、そのシャーマンのことをたずねてみた。

「はあ、このあたりではいちばん力のある方だとうかがってます」

三十三歳の農民マグノは十四歳の息子ダーウィンにつきそわれて、チャチャポージャスというアマゾンの村から足の病気を治してもらいにやってきた。

「アマゾンにもシャーマンはたくさんいるでしょう？」

無口な父親をかばいながら、ダーウィンが答えた。

「うちらの村にはやぶ医者しかいないし、シャーマンは金しだいで呪《ダーニョ》いをかけるんだ。となりに引っ越してきた牧場主が、僕たちの畑を奪おうとして呪術師《ブルッホ》にたのんだ。パパの呪いを解くには、もっと強いシャーマンに頼むしかないんだよ」

少年の聡明な瞳には悲嘆と怒りがない交ぜになっていた。都会はともかく田舎の人々は、病気は呪いで起こると本気で信じている。わずか三段しかないターミナルの出口を苦痛に黒い顔を歪ませてマグノは下りる。

そこまで彼らが信じているシャーマンに会ってみたくなったんで、同行することにした。細くでこぼこの悪路で九人乗りのワゴン車がはずむたび、マグノは呻《うめ》きをもらし、ダーウィンがけなげにひざをさすってやる。

　真っ白く垂れこめた層積雲が山頂をけぶらせ、斜面に切り開かれた畑に小さな農家が点在している。メヒコという巨大アロエが道沿いにならび、なかにはアロエで屋根を葺《ふ》いた農家もある。異常なシャーマン・ブームが訪れるまえは、実にひっそりとした山村地帯だったろう。

　火付け役はフジモリ大統領だ。ワンカバンバの山奥にはたくさんの湖があり、そのひとつシンベ湖に選挙前のフジモリがヘリコプターで降り立った。パンツ一丁で沐浴し、シャーマンたちが当選の祈願をかけ、みごと逆転勝利をおさめたもんだからたまらない。それ以来ワンカバンバは、フジモリの幸運にあやかろうと、ペルーじゅうから人々がつめかける観光地になってしまった。

　運転手に連れられ丸太の柵をはいると、四匹の犬が吠えかかる。これだけ稼いでるシャーマンだから、番犬が何匹も必要なのだろう。家は三棟の建物からなっていて、まわりの農家とは比べものにならないほど立派だ。小さな教会が建つ丘の中腹にサンペドロが堂々とそびえていた。エクアドルとはちがいペルーでサンペドロは合法だし、シャーマンの伝統にしっかり根付いているのがわかる。犬をなだめにでてきた奥さんに、ベッドが十も並べてある部屋にとおされた。

「主人は九日間つづけて儀式をしました。とくにゆうべは二十人もいたので疲れて寝ています。今夜十二時からはじめますんで、ゆっくりお休みください」

　となりのベッドでやっと一息ついたマグノに訊いた。

「シャーマンにはいくらくらい払えばいいんですか」

「わたしたちはふたりで三百ソル（約一万円）用意しました」

「えっ、失礼ですけど年収はいくらですか？」

「家族五人で働いて、三千ソル（約十万円）くらいかな。でもわたしが働けなくなったら、もともこもないでしょう。ダーウィンだけは大学に行かせてやりたいんです」

二十人から五千円ずつ取るシャーマンは、マグノの年収をたった一晩で稼いだことになる。裕福なワンカバンバのシャーマンは、はたして本物なんだろうか。


暗闇を裂く叫びに、我にかえった。

「よこせ、よこせ！」

僕はとなりのベッドでうなされるマグノを懐中電灯で照らした。うすく見開いた瞳孔が見る見るすぼまっていくのがわかる。時計はもう十一時三十分をまわっていた。

「だいじょうぶですか」

「歩けなくなってからこの悪夢を三回も見ましたよ」マグノはまぶたを乱暴にこすりまわしながら、起きあがる。「四本の角をもった怪物に追いかけられるんです。宙に剣が浮いていたんだけど、手を伸ばしてもとどかないんです」

緩慢な軋《きし》みをあげて開くドアに、ぎくりとした。

「お迎えに来ました」

ろうそくを持ったシャーマンの奥さんが照らし出される。

「儀式は野外でおこなわれます。できるだけ暖かいかっこうをして、マットレスをテラスに並べてください」

冷気が身を引き締め、満天の星が夜の底を照らしだす。

黒い影が歩みよってくる。赤と青の縞になったポンチョ、真っ白いマフラーを首に巻き、黒いソンブレロのしたで鋭い眼光を閃《ひらめ》かす。今年四十歳になるシプレアーノ氏は、シャーマンの家系に生まれたわけではない。十三歳のときからサンペドロを飲み、独学で修行をしてきたという。いつのまにか祭壇がしつらえられていた。敷物のうえには、四本の木製の剣、四本の金属製の剣、いくつもの巻き貝、紫水晶《アメジスト》の原石、真鍮製の牛、彩色陶器の聖母像、薬草や香水の瓶などが並ぶ。

マグノは封筒に入れた金を差しだした。僕も五十ドル払う。チクラヨから来た四人の農夫たちも新聞紙にくるんだ謝礼をわたす。シャーマンは簡単に礼を言い、奥さんにあずけた。儀式の参加者は僕をいれて七人、シャーマンと三十歳くらいの弟子がいる。

チャッチャッチャッチャ、チャッチャッチャッチャッチャ。

シャーマンが小さな鐘を振りはじめた。規則的な高音にしわがれた呪文がからみついて、おかしな気分になってくる。

「サンペドロの精霊よ、タバコの精霊よ、植物と山と湖の精霊よ、聖なる地に集い越し者たちの運を高めたまえ」

毛糸帽をかぶった弟子が緑色の瓶からサンペドロを注ぐ。まずシャーマンと弟子が飲み、我々にまわってくる。マグノはためらいもせず一気にあおった。大きなグラスをもたされたダーウィンの手は震えていたが、意を決して飲んだ。僕もやっと待ち望んだ灰色の液体を飲む。さとうき

シャーマンが
小さな鐘を振りはじめる

びの汁とお湯で割ってあるが、そうとう苦い。アヤワスカの金属的な苦さとはまた別のまずさだ。

「立って一列に並びなさい」

命令的なシャーマンの口調が、場の雰囲気を厳粛に引き締める。小さな法螺貝《ほらがい》を左手に持たされ、緑のプラスティック洗面器から香水と混ぜられたタバコジュースをつがれる。鼻から注ぎ入れる。ツーンとくるミントの香りとニコチンの渋さが鼻腔粘膜を直撃する。舌の奥に流れこんだ液体を呑みこむと、あまりの不快さに吐きそうになる。残りを手に注いで、顔や首筋や胸に塗る。

シャーマンがマグノの足もとにひざまずいた。ダーウィンがマグノのズボンをまくりあげ、シャーマンはふくらはぎからひざのうえまで丹念にタバコ汁をすりこむ。マグノは鼻柱に深いしわをよせ、苦痛に耐えているのがありありとわかる。

「君たちと君たちの愛する者に取り憑いた魔を思い浮かべ、その名を唱えながら戦うんだ。病魔よ、不幸よ、失敗よ、貧乏よ、敵よ、この者たちから去れ」

シャーマンの呪文にあわせ、弟子の動きをみんなでまねる。見えない敵にむかって、パンチ、パンチ！　キック、キック！　うしろにいる敵にむかって、パンチ、パンチ！　キック、キック！　さすがに僕は失笑してしまったが、みんな真剣にバーチャル・ファイトをしている。妹の子どもの眼球にできたガンや最近足腰の衰えた父親のことを祈った。マグノは必死でキックをくり出そうとするたびに転倒する。これがたとえ子どもだましであるにせよ、息子や家族のために病魔と闘うマグノの痛切な思いや、父親のほほについた土をはらい小さな体で助け起こすダーウィンのひたむきさに胸がつまってくる。気がつくと僕も、一心不乱に立ちあがるマグノをわきの下から支えていた。

この運動で攪拌されたサンペドロが、じわじわと胃壁に染みこんでくる。気温は十度以下なのに手の平に汗をかいている。全員マットレスにもどり、頭から毛布をかぶる。ぶるっと、首筋におぞけが走った。アヤワスカのようにあくびは出ないが、何度も痰を吐き捨てる。暗闇に切りとられた山のシルエットがサファイアの粒となって輝きだす。視覚だけじゃない、田んぼのカエルや草むらの鈴虫の鳴き音さえもが、振動を増していく。色を聴き、音が見える。微粒子は一定の階調をもって僕のまわりを渦巻く。となりで目を閉じるマグノの夢がじわじわと伝わってくる気がする……粒子が拡散と収縮をくりかえしながら、ぼんやりとした映像を形づくる……ふたつの黒い洞窟のまわりに息づく光沢、そのうしろに悪意をふくんだふたつの眼、威圧的なカーブを描くふたつの塔は……牛に見える。マグノの悪夢に出てきた四本角の怪物ではなく、二本角の黒い牛だ……おぼろげながらマグノの恐怖が感じられた。

シャーマンの弟子に呼ばれて我にかえった瞬間、マグノと目があった。おたがいに沈黙を守り、僕は離れに連れていかれた。

シャーマンはいきなり剣を振り上げ切りかかってくる。

僕のまわりの空を切り、悪い因縁を切り放すパフォーマンスだ。さっきの幻覚をシャーマンに話した。

「よくあることだよ。ギターの一弦を弾いたときに、同じ音程の六弦が共鳴するのといっしょだ」

シャーマンは僕の全身を剣でこすりまわしながら言った。

「鐘やマラカスや太鼓を使うのは、振動《バイブレーション》によってみんなを引きこむためだ」

おそらく高校も出ていないシャーマンの言葉に、小さな驚きをおぼえた。もっともアナログなシャーマニズムの世界観が、最先端の科学と似ているのはなぜなんだろう。ボブ・ディランが言うように「いちばんうしろを走っていたランナーが、つぎのトップを走る」時代が訪れようとしているのかもしれない。量子物理学では、すべての物質は振動でできているという。イタリアのテノール歌手エンリコ・カルーソーのパーティー芸は、ワイングラスをこすってでた音程と同じ音を数メートル離れたところから歌い、手を触れずにグラスをこっぱみじんに割るというものだった。

「どこへ引きこむんですか？」

シャーマンは漆喰《しっくい》の軒下に忘れ去られた蜘蛛の巣を指さした。

「見えないところさ。わたしたちの世界は、こんな風にいろいろな世界につながっているんだよ」

僕と入れちがいにマグノとダーウィンが呼ばれた。僕は十五分足らずだったのに、彼らは一時間以上もかかっている。

真っ黒いほほを涙でてからせて帰ってきたマグノに、全員が気づいた。寒さではなく、全身が総毛立つ。ダーウィンがマグノの杖をもっていた。

マグノは自分の足で歩いていたんだ！

白々と明け初めていく空を背景に儀式は終わりに近づいていく。シャーマンが鐘を振り、弟子が口にふくんだ香水をひとりひとりに吹きかけていく。顔の正面、右、左、両腕、背中と香水でベトベトになる。シャーマンのハーモニカに合わせ、手拍子を打ちながら……マグノが踊っている!!　ぎこちない動きだが、歩くこともままならなかった者がステップを踏んでいる。陶酔しきった目はシャーマンを見つめ、うっすらと微笑みさえ浮かべている。トリックだろうが、暗示だろうがかまわない。純真な農夫が信じる力によって、現実を作り変えてしまったんだ。金額の高さに反感をもち、最後までシャーマンを疑っていた自分を恥じた。

第二歌　聖なる黒い湖

「シンベ湖には祈願のためのパンツがたくさん打ち上げられていて見られたもんじゃない。もっとも力のある黒い湖《ネグラ》にしなさい」

シャーマンが二階の窓から眠そうな顔を出して、アドバイスする。赤ワイン色のポンチョを着た馬子が連れてきた若馬にまたがった。畑のあぜ道を横切り、山への近道をのぼる。僕も馬に乗るのははじめてではないが、恐ろしく急な斜面でバランスをとるのはむずかしい。馬子のじじいは徒歩で馬を引く。年寄りとは思えないフットワークだ。

チッチッチ。

じじいは舌打ちで馬を叱る。草を食おうとしたり、水を飲もうとすると、ようしゃなく小枝の鞭でケツを打つ。四千メートルの山頂に近づくにしたがい寒さが増してくる。空はかげり、靄《もや》がたれこめ、強い風が吹きつける。この世のものとは思われない不毛の礫土《れきど》を透かし見た。乾燥した草と巨大な奇岩の風景、オレンジ色の苔が鮮やかに発光する。この峠を越えれば湖が見えてくるかなと期待すると、また別の頂が見えてくるくりかえしだ。寒さで手足の感覚がなくなり、しだいに麻痺していく頭のなかで昨晩の奇跡を反芻《はんすう》していた。

プラシーボ効果というのがある。テレビでやっていた実験では、車酔いしやすい人たちをふたつのグループに分け、片方に「酔い止めの薬」を与える。全員下をむいて本を読まされ、バスは8の字走行をくりかえす。降車後、採血によって血中ストレスホルモン《ADH》の濃度を測定される。実はただのビタミン剤にもかかわらず、「酔い止めの薬」を服用したグループは圧倒的に車酔いしなかった。

貧しい農夫、マグノは信じていた。

高額の出費をするからこそシャーマンを信頼していたし、ペルーの伝統的な考えもあるだろう。マグノはプラシーボ効果によって病気になり、プラシーボ効果で治ったのか？　信じればすべてOKというのには疑問が残る。オウムの事件にもあるように、個をなげうって教祖という人間に預けることは危険だ。僕たちは信じる対象を見定めなくてはいけない。全能の神を模した麻原に対して、シャーマンはあくまで謙虚だ。シャーマンにとっては大自然、そこに働く生命の力そのものが神で、自分はその通訳にすぎないと思っている。ふと顔をあげると、広大な空があり、足もとを支える大地がある。

切り立った岩山を背景に真っ黒い鏡が横たわっていた……ネグラ湖だ。

馬をおりるのに苦労した。この寒さのなかを四時間以上も馬に乗っていたもんで、足が思うように動かない。じじいは僕のガニ股歩きを見て大笑いした。頭上からは神秘的な靄が降りてきて、水面は青銅でできた鱗《うろこ》のようだ。

突然、銃声が湖面を毛羽立たせた。

こんな山奥で殺人現場に遭遇するのかよ。もしかすると巡礼者を狙う盗賊か、山にこもった左翼ゲリラかもしんねえぞ。たくさんの人が水をかけ合ってはしゃぐ声がした。僕はおぼつかぬ足で岩山を登り、すべての岸をながめまわした。

誰もいない。

「今の銃声、聞こえましたよねえ」

馬子のじじいはアグア・デ・フロリダという香水を口にふくみ、湖にむかって噴きかけた。

「なんも聞こえなかったぞ。だがここじゃよくシャーマンがピストルを使って魔を払う儀式をやるんだ。おめえもさっさと飛びこめ」

僕は水着一枚になって水にはいっていく。

うひーっ。こんな冷てえ湖にみんなありがたがってはいるなんて、信じらんねえ世界だぜ。

「水を三回手にすくって飲め」

じじいは暖かいポンチョを着て、岸からえらそうに指図する。下半身が痺れ、睾丸がクルミほどに縮こまっていくのがわかる。

「それじゃだめだ、頭までもぐれ」

ネグラ湖

思い切って倒れこむと、頭がキーンと痺れた。また耳の奥からかすかなざわめきが聴こえた。よく幽霊屋敷とか自縛霊が出るトンネルとかあるだろう。ああいう場所は磁場に異常を起こしていて、タイムスリップが起こりやすい。過去にそこで生活していた人や事故死した人が時間を超えてあらわれたり、ときには未来に起こることをデジャヴしたりする。シャーマンに言わせると、世界を隔てる壁が薄くなっているってことらしい。

「どこ行くんだあ。もどってこい」

平泳ぎすると、マクドナルドのMマークみたいな干渉《かんしょう》パターンが水面を伝播《でんぱ》していく。風が吹けば桶屋がもうかるし、蝶の羽ばたきひとつが世界の気象に影響を与えるといわれる。シャーマンが言うように世界が見えない蜘蛛の糸でつながっているとしたら、僕のひとかきした波も宇宙の果てまでとどくのかな。

第三歌　落石事故

ワンカバンバを去る夜行バスに揺られ、読書に熱中していた。雨は鼓膜の井戸にわだかまる通低音となって降りつづいている。光沢のある闇が車窓にはりつき、外が見えないのは幸いだ。バスの高い窓からは谷底が直接見おろせてしまう。四千メートルを下っていく道はアンデスの斜面に刻みをいれただけで、舗装もされず、道幅は狭く、ガードレールもない。行きに見たランドクルーザーの残骸がまだ印象に残っている。転落し、樹木にひっかかって、金属のはらわたが斜陽を照りかえしていた。

この旅に一冊だけ持ってきた本がある。その名もズバリ「アヤワスカ」。藤本みどりさんという女性が書いた、ノンフィクションだ。もしこの本がなかったら、僕はペルーに来てなかったかもしれない。彼女が命をかけてまで探し求めたアヤワスカの秘密を、どうしても突き止めたかった。

みどりさんは禅を深めるためアジア、ヨーロッパを放浪し、各地の尼僧堂で修行し、ネパールの山々に登った。そしてペルーにわたりアヤワスカと出会う。

このとき初めてアヤワスカの存在理由がわかったような気がした。アヤワスカはケチュア語で「精霊の蔓《つる》」あるいは「死者の蔓」という意味だ。地獄に暮らしている人間たちを力強くひっぱり上げてくれる蔓なんだ。現実の世界にとらわれているわたしたちを、迷いから目覚めさせてくれる。単に幸せな気持ちにひたらせるのではなく、存在の根本から浄化し、変革していく。アヤワスカは魂を揺さぶってくれる精霊の植物だ。(第二部　精霊の森　第七章　アマゾンの虹より)

みどりさんはペルーのアマゾンにある麻薬依存患者のリハビリセンターで禅を教えながら、四十回ものアヤワスカ・セッションを受ける。みどりさんのひたむきさに、不覚にも泣いた。深く深く真実を求める姿勢は、あまりにも純粋で、せつないくらい一生懸命で、孤独だった。そして一九九七年、四十五歳の若さで悪性リンパ腫《しゅ》によって他界する。みどりさんが書きためた手記がこの本となって出版されたのは、死後二年がたってからだった。編集者はこう書いている。

わたしたちは本稿に接し、不思議な感慨を覚えた。お金が唯一わたしたちの将来を保証してくれる神のような存在となり、ブランドや便利さが最高の価値となった時代、それがみどりさんやわたしたちが生きてきた時代の風潮だった。（中略）もうひとつ、そういう風潮に反発して、もしくは飽き足らずに求められた精神世界は、新・新宗教教団という「組織」にからめとられていった時代だったような気がする。（中略）そのような中、みどりさんはどんな物質的な権威、精神的な権威にもよらず、ひとり人生とはなにか、人間はどう生きるべきなのか、人は精神を高めうるものなのかといった問題に正面から向き合っていった。それも心の中で自問自答するだけではなく、肉体を含めた自己の全存在をかけて禅に取り組み、断食に挑戦し、山岳に身を置き、世界中を巡り歩いた。

幻聴だろうか、かすかな地鳴りが近づいてくる。子どものころ、線路に耳をあてて、特急、快速、普通列車を当てるゲームで遊んだ。この音は明らかに特急だ。重低音が車体を震わせ、怪物が立ちふさがった！

突然のブレーキに乗客が弧を描いて前方の背もたれに叩《たた》きつけられる。弾《はじ》きかえされた頬骨に、鈍痛が沁みだしてきた。ざわめきに車内が沸騰し、運転手が叫んだ。

「落石だ！」

前方の乗客とともに外へ出た。巨大な石塊がヘッドライトに照らされて、道の真ん中に鎮座していた。深緑の樹木は茶白色の土砂になぎ倒され、根っこを雨に洗われている。

危機一髪だった。

運転手の右足があとコンマ何秒かおくれていたら、僕たちは谷底へ放りこまれていただろう。

「こりゃあ、ワンカバンバへもどるしかないな」

皮肉げにタバコをくゆらす車掌に乗客がくってかかる。

「ふざけんな、おれは明日の八時から会社なんだぞ」

乗客は口々に自分の事情をわめきちらし、もうパニック状態だ。

「わかった、わかった、みなさんの言い分はわかったからもういい。冷静になって残された可能性を試すんだ。おい、つるはしとシャベル、それからロープをもってこい」

運転手は断固たる口調で車掌に命令した。運転手が岩の下からほじくりだした土砂を、車掌が谷底に放る。僕をふくめて何人かの乗客が交代し、岩の下にはどんどん窪みが穿《うが》たれていく。運転手はひっかかっていた倒木にロープを巻きつけ、残っていた乗客にひっこぬかせる。

「そのへんでいいだろう」

運転手はロープを岩に巻きつけた。雨に濡れるのを嫌う傍観主義者たちも呼び集め、二十人ほどで綱引きする。

ウノ[1]、ドス[2]、トレス[3]！　ウノ、ドス、トレス！　ウノ、ドス、トレス！

落石事故

何度やっても岩はびくともしない。運転手はぶつぶつ言いながらロープをバスにくくりつけ、バックする。前方で見ていた僕たちに空回りする泥が飛び散り、ずずっと、岩がすべった。やったーっと思った瞬間、なにかが弾ける。ロープがぶち切れてしまったんだ。降りてきた運転手は絶望に顔をぬぐった。

前方に明かりが見えた。

岩のむこうからやってきたのは、別の会社のバスだった。どうせむこうも立ち往生だ。もしかすると、頑丈なロープをもっているかもしれない。なにやら交渉にいった運転手がもどってきた。

「人質の交換だ。みんな荷物を持ってあっちのバスに乗り換えろ」

なるほど、そういう手があったのか。

乗客の顔にぱっと笑顔が咲く。僕たちは解放された難民みたいに、荷物運びを手伝い、むこう側のバスに乗りこんだ。百メートルも慎重にバックし、やっとUターンできる場所を見つけた。

乗客は歓声をあげ、シャーマンが運をつけてくれたからだと笑った。

アンデスの旅もこれで終る。つぎはいよいよアヤワスカの源郷、アマゾンだ。

タラポト

第一歌　麻薬依存者治療センター

またもや真夏に逆もどりだ。

タラポトは「ジャングルの眉」と呼ばれ、アマゾンの入り口にあたる。ペルーというとアンデスのイメージが強いが、国土面積の半分はアマゾンの熱帯雨林だ。容赦なく照りつける日差しは、砂漠地帯のリマよりも強い。こぢんまりとした飛行場では、バイクのシートに日よけの段ボールをかぶせるという珍商売で子どもたちが小銭を稼いでいた。モトタクシーはオートバイのうしろにふたり乗りの荷台をつけたもので、ビニール製の幌《ほろ》に手書きで「ＹＡＭＡＨＡ」とか「隣人を愛せ」とか「母デリダの思い出に」などと書いてある。さっそく、みどりさんがいたという麻薬依存患者のリハビリセンター、タキワシを目指した。

「隣人を愛せ」に乗って小さな中心街をすぎる。ノースリーブの娘たちが褐色の肌を競い合い、開放的な陽気さをふりまいている。モトタクシーで五分、街から歩いても三十分かからないだろう。舗装道路のとぎれた土ぼこりの道を下っていくと緑に囲まれた門があった。木の看板には、尻尾をくわえた蛇が虹になり、虹がアヤワスカになり、ハチドリ《ハミングバード》がその花をつついている図柄がデザインされていた。

受付嬢にたずねると、火曜日に山のなかでアヤワスカ・セッションがあるそうだ。

「ここで三年くらい前に禅を教えていた日本人女性を知りませんか」

「さあ、わたしは去年から勤めだしたもので、わかりません。よかったら園内を案内しますよ」

円形に部屋を配置した建物をぬけると、大きな庭に出た。日本では一個三百円もするマンゴーがそこらじゅうに散乱し、甘酸っぱい匂いがたちのぼる。

「タキワシはケチュア語で歌《タキ》の家《ワシ》という意味です。ここでは伝統医療と最先端のホリスティック医療（心と体の総合治療）も同時にとりいれているので、一般の人もワークショップなどに参加しています。最近ではダイエットにくる外国人女性もふえていますね」

「まさか、アヤワスカ・ダイエットですか？」

「わたしもそれがきっかけだったんです。数ある薬草のなかでもアヤワスカだけは別格です。万能薬というよりも、賢者なのです。太った原因や運命の意味まで教えてくれますよ。これがその精霊の蔓《つる》です」

直径十センチほどのアヤワスカが螺旋を描いて天へと伸びる。コンピューター・グラフィックスで描かれたDNAの二重螺旋を思わせる。それはシンボルどころか蛇そのものだった。

古代民族たちが知恵の神として祭ってきた蛇はシャーマンのシンボルだ。スペインから送られてきたイエズス会の宣教師たちは、まず同業者から、つまりシャーマンを虐殺し、蛇を悪魔として追放した。アダムとイブの蛇は有名だけど、大天使ミカエルもドラゴンを殺した。

新大陸の歴史は、キリスト教とシャーマニズムの戦いの歴史だ。何万年もつづいてきたシャーマニズムにわずか千五百年の新興宗教が勝利するには徹底的な弾圧しかなかった。シャーマンを助ける精霊が天使にとって代わられたが、もともと両者は同じ者だったのだ。キリスト教によって引き裂かれた、蛇と天使が和解する日がくるのだろうか。

平べったいコンクリートの建物に案内された。六畳ほどの図書館には、シャーマニズムやドラッグをふくめた薬草に関する資料が世界中から集められている。オフィスには三台のパソコンが備え付けられていた。

「ホームページもはじめましたし、これからは世界中で同じ悩みを抱える麻薬患者たちのネットワークをつくっていくつもりです」

カナダのメディア論者、マーシャル・マクルーハンは一九六〇年代半ばに、エレクトロニクス・メディアが人間の中枢神経の延長だと唱えて物議をかもしだした。インターネットをはじめとするメディア網《もう》によって地球がひとつの村になり、電子部族化すると予言した。マジックマッシュルームを有名にした民族植物学者テレンス・マッケナは、コンピューターがテクノロジーとシャーマニズムを合体させ、テクノ・シャーマニズムが生まれると説いた。僕も「自然に帰れ」ですむような能天気な未来は信じていない。シャーマニズムという普遍的な共生技術は、テクノロジーとの結婚によって未来の子どもたちを生むと思う。

「ここがアヤワスカ・セッションに使われる場所です」

椰子《やし》の葉で屋根をふいた風通しのよい伝統的家屋だ。

「マロカといって、ケチュア語で大きな家という意味です。このほかに一時間ほど歩いた山の小屋に患者はこもります。八日間食事を運んでくる係以外には誰とも会わず、自分自身を見つめるのです。山のなかのマロカでも、アヤワスカのセッションはおこなわれます」

「だいたい何人くらいの患者がいるんですか」

「今は十二人の患者がいます。十六歳から五十歳と年齢も国籍もさまざまです。患者は最低八ヵ月はここにいなくてはなりませんし、最初の三ヵ月は家族や友人に会えません。ふたたび麻薬を求めて脱走する患者も絶えませんが、一度脱走したら二度とここへはもどれないという厳しいルールがあります」

最先端のセラピーが行き着いた場所が、アヤワスカを使った先住民の伝統医療だった。「古きをたずねて新しきを知る」か。ルネッサンスは古典復古という意味だが、行きづまった中世社会が千五百年前のギリシャ・ローマ文明に回帰した。現代社会はいったいどの文明から未来への知恵を汲み上げるのだろう。僕の直感が言う、それは先住民《ネイティブ》の文化だと。この旅で見えてきたキーワードが三つある。

共存の知恵を教えてくれる「ネイティヴ」

癒しの根元をにぎる「シャーマニズム」

薬草医学と意識変容を司る「ドラッグ」

三つの鍵が未来への扉を開けてくれるのか、僕はこの旅で鍵のありかを探し出さねばならない。

タキワシのセッションが四日後なので、町一番といわれるシャーマンの儀式に行った。

金曜の夜九時、奥行きがある一軒家には、もう六十人を超える人々が集まってきていた。首都リマであれだけシャーマンを探すのに苦労したのに、アマゾンにはいくらでもシャーマンがいる。もちろんこの町には旧式のディスコや映画館もあり、ほとんどの家庭にテレビが普及している。それでもこれだけの人が伝統的な儀式に毎週つめかけることにカルチャーショックをおぼえた。

壁に掛けられた薬草師の資格免状には「ロヘール・ペソ・メレンデス」という名前が書かれている。キリストやマリアの絵が飾られ、ガラスケースには薬草の瓶がならぶ。「タブー」という香水をはじめ、生理ナプキンやトイレットペーパーまで売っていた。

整理券をわたされ、せまい廊下にひしめく人々をかきわけていくと、十二畳ほどの部屋に出る。オモチャ箱をひっくりかえしたような祭壇が床にしつらえられていた。プラスティック製のライオン、クロコダイル、イーグル、恐竜、陶器の象、牛、ラクダ、フクロウ、キリストや大黒様までいた。基本的に儀式は無料だという。まったく、ワンカバンバのシャーマンたちも見習ってほしいよな。

ろうそくに灯をともし、部屋の電気が消される。シャーマンの登場だ。物腰の柔らかいメレンデス氏はふたりの弟子とともに祭壇のまえに座った。全員がアヤワスカを飲むのかと思ったら、希望者だけだった。通常はシャーマンが飲むだけで、患者は飲まないそうだ。女性をふくめた五、六人が前に出たので、僕もあとにつづく。今までのアヤワスカより断然うすい。

闇のなかに規則的な鈴の音と速いテンポの歌が響きわたる。

僕は蓮華座を組んで意識を集中しようとするが、だめだった。週二回もアヤワスカを飲みつづ

床にしつらえた祭壇

けるシャーマンにとっては十分かもしれないが、こんな弱い物じゃなにも見られない。同じアヤワスカでも、人によって、シャーマンによって、状況によって、かなりちがってくる。回数を重ねればより深いヴィジョンを得られるのはたしかだが、単純な足し算というわけにはいかない。

裏庭で新鮮な空気を吸おうと部屋を出た。

「アヤワスカ、オイシイ？」

日本語だった。がっしりとした体格の男が僕の肩をたたく。男は精悍《せいかん》な顔をほころばせて笑った。どこか東洋人の面影を残している。

「ワタシ、サンセイ。オオワキ。アダナ、ゴリサン」

ゴリさん？　アヤワスカの浅いトリップにはギャグの作用もある。日常生活では制御してしまうくだらないパロディーを鮮やかにイメージしてしまうんだ。日系三世の大脇ゴリさんのパンチパーマと涼しい目もとには迫力がある。マドロス帽をかぶり「渡り鳥にゃあ惚れちゃいけねえ」とパイプを吹かして、スナックのママを苦しめるヤクザをたたきのめしたら、さぞかし似合うだろう。ゴリさんは日本語をあきらめスペイン語にもどした。

「埼玉の工場で働いていたとき、つけられたあだ名です。テレビで有名な刑事にわたしが似ているんですって。来年の大統領選挙でフジモリを応援するためにもどってきたんです。家が近所なもんで毎週ここへ来ていますよ。薬草水で沐浴《もくよく》するのが楽しみなんです」

裏庭には三つのトイレと二つのシャワー室があった。ゴリさんが汲んでくれた薬草水で上半身だけ洗った。ミックスされたハーブの香りがさわやかだ。

「明日の夕食に来ませんか。ラーメンでもつくりますから」

「ラーメン！　行きます行きます、もう一ヵ月以上日本食はご無沙汰なんで」

僕のノートに住所を書きつけると、ゴリさんは颯爽《さっそう》と出ていった。できればギターを背負い、馬に乗って去っていってほしかった。

第二歌　みどりさんの幽霊

大脇一家が総出で飛びだしてきた。

ゴリさんと奥さんのノルマ、つづいて、息子たちにキスと握手の総攻撃にさらされる。壁にはハクビの着物カレンダーと武田久美子の水着ポスターが貼られ、食器棚のうえには椰子の実をけずった猿の置物と――このココナッツ猿は沖縄でもセネガルでもキーウエストでも地元のおみやげとして売られていたが、いったいどこが元祖なんだろう――家族の写真がならんでいる。

「ラーメンができるまで、ポップコーンでもどうぞ」奥さんが鍋ごとテーブルにおいた。

熱々の炒りたては、むっちゃうまい。これだけの料理センスをもっていればラーメンも期待できる。やっぱ、醤油味がなつかしいなあ。いや、日系人は味噌も手に入るはずだ。九州にも行ったことがあるそうだから、トンコツで驚かせてくれるかもしれない。

十二歳の次男が描いたドラゴンボールの絵を見せてくれた。悟空というより、シド・ヴィシャスに近い。まだ四歳の三男がみやげにもらったプラスティックの新幹線をもって部屋をかけまわる。どうやら飛行機とまちがえている。

「ラーメンができたわよ！」

喜び勇んで食堂に飛びこんだとたん、吃驚仰天《びっくりぎょうてん》。

カップヌードルが……ぽつねん。

テーブルのうえで寂しげに湯気を立てている。ま、まてよ、これはラテン独特のジョークかもしれない。きっとガス台にかかっているあの大鍋で麺がゆでられてるはずだ。

「さっ、熱いうちに召《め》しあがってください」

誰ひとり笑う者はいない。みんな心から遠来の客をもてなそうと、誠実な笑顔を浮かべている。家族には、大鍋からおいしそうなスープが配られる。僕は耳なし芳一のように「感謝」という字を顔いっぱいに書いて、カップヌードルをすすった。

「なつかしいかい、わたしも日本にいるときは毎日のようにラーメンを食べていたんだ」

ゴリさんは客の喜ぶ顔を見て、本当に満足そうだ。

「あのう、お店とかでは食べなかったんですか？」

「だって五百円もだしたら、ペルーで二十食くらい食べられるからね。ずっとガスコンロでラーメンをつくっていたよ」

物によっちゃ、日本の物価はペルーの数十倍だ。出稼ぎの外国人は一円でも多く本国に持ち帰りたいだろう。

「あら、足りないんじゃない？　家庭料理で悪いけど、カルト・ガジェーナも召しあがる？」

待ってましたとばかり、スープにかぶりつく。むちゃうまいっ！　骨のついたチキンとポテト、おまけにスパゲッティーをきざんだ麺もはいっている。こりゃあ極上の塩ラーメンだ。トウモロコシの葉で肉入りご飯をくるんだホアネスというチマキがそえられている。家庭料理には、レストランにはない手のぬくもりがあった。カップヌードルの残りを三男が狙っている。

「これは、もういいかしら？」奥さんが訊く。

「あ、ラーメンはもうけっこうです。どんどんあげちゃってください」

次男がカップを奪い取ってスープを飲み干す。

「こらっ、ヤシチ！　あんたはお兄さんなんだからがまんしなさい」

「ヤシチってすごい名前ですね。時代劇からとったんですか」

「わたしのおじいちゃんの名前だよ。一九一一年に鹿児島から移民してきたんだ。軍隊で中国にも行っていたおじいちゃんは、大工道具といっしょに銃を三丁ももってきたそうだよ」

さすが、ゴリ刑事のおじいちゃんだな。

「日本からの移民で組織された探検団にはいって、三年もかけてアマゾンを放浪したんだ。表向きは農業にむく入植地探しってことだが、どうやらコカとキニーネが目的だったらしい」

「コカインですか、キニーネもマラリアの薬でしょ？」

「だって当時は戦争だろ。星製薬がアマゾンに土地を買って、日本軍の士気を高揚させるコカインと東南アジア政策に必要なキニーネを物色していたらしいんだ」

「なんだか、スパイ小説みたいな話ですね」

「ほんと、おじいちゃんの人生は波瀾万丈だよ。ヌエヴォ・ニッポン農場やヤマト農場を切り開いたけど、真珠湾攻撃の一年前に排日暴動が起こってペルーは対日宣戦布告をするんだ。おじいちゃんは祖国からもペルーからも裏切られつづけ、失意のうちに死んでいったよ。おやじの代になって米作りで成功したと思ったら、すごいインフレだろ。タラポトの周辺は日本大使館襲撃で有名なトゥパク・アマルの拠点のひとつだ。ゲリラたちが自動小銃をもって金や食料をせびりにやってくる。日本ではニュースにもならないだろうが、たくさんの日系人が誘拐され殺されているんだ。ゲリラがテロをはたらいて山に逃げこむと、やってきた政府軍が残った村人をグルだといって拷問にかけたりする。いつでも損するのは真面目に働いてる農民なんだよ」

ノルマが縦長に三枚の写真がならぶアルバムを四冊、どんっとテーブルにおいた。

「そんな暗い話ばっかしてないで、元気だしなさい！」

いきなりノルマは両手を垂直に上げ、弧を描いておろし、拳を交差させて、がに股の屈伸をはじめた。僕は、この奇妙な踊りに見おぼえがあった。

「日本はどうだったってよく友だちに訊かれるの。やっぱり最大のカルチャーショックはこれね」

ノルマは大きく足を開いて右手を腰にあて、左手を大きく振って、上半身をぴょんぴょん傾けた。

ラジオ体操第二だ！

「そうそう、ゼン・トレーニングも受けたわよ。この子がタラポトに住んでいてね、瞑想とか教えてくれたの」

ノルマが指さしたのは、屋上でバーベキュー・パーティーをしている写真だった。

「この人が禅の先生なんですか？」

細身で長身の女性が写っている。日付が一九九五年五月十八日となっていた。

「ああ、みどりだ。彼女の誕生日に写したんだな」

得体の知れぬ戦慄が僕の脊髄《せきずい》を駆けぬけた。

「も、もしかして、タキワシで禅を教えていた藤本みどりさんですか」

「そうだよ。ここ二、三年手紙を書いても返事がこなくてね」

出会いがしらの右フックに僕はへたりこんだ。複雑にからみ合った糸が、こんな風につながっていたなんて。それでも、伝えなくてはいけないことがある。

「……亡くなりました」

背中越しに響いた壊音に竦《すく》みあがった。

「ま、まさか」

緑茶がはいっていたドラえもんの茶碗が床に散らばっていた。

「残念ですが、悪性リンパ腫で他界したと、遺作の本に書いてありました」

テーブルに崩れて泣きだしたノルマの頭をゴリさんがやさしく抱きかかえる。

「みどりはわたしたち家族の一員さ。異国にひとりぼっちで暮らして淋しかったんだろうな。タラポトにいた一年はほとんど毎日と言っていいくらいうちに通っていた。ところでいつごろ亡くなったんだい」

「二年前の六月です」

「ちょうどその頃よ。やっぱり、あの幽霊はみどりだったのよ！」

涙でてかる顔をあげて、ノルマが叫んだ。あっけにとられる僕にむかってゴリさんが言った。

「わたしたちが日本に行ってるあいだに、この家を学校の先生に貸していた。先生がここで昼食をとっていたとき、見知らぬ女性が入ってきてあたりを見まわしたんだって。先生がどちら様ですかって訊ねたとたんに、すうっと消えてしまったんだとさ。先生は玄関まで走っていって鍵を確かめたが、内側からかかったままだった。細身で、メガネをかけていて、髪をうしろに束ね、白いシャツに黒いパンツ、どこからどこまでみどりそっくりだった」

あの電器屋と同じく、またもやなにも知らない第三者が「実体化した想念」を目撃してしまったわけだ。

「ありがたいことじゃないか。死んでもわたしたちに会いに来てくれるなんて」

僕はうしろをふりかえって部屋を見まわしたが、もちろん、みどりさんはいなかった。

第三歌　もっと遠くへ、もっと遠くへ

山にこもった患者たちとアヤワスカをやりたかった。

そのためにはヤワルパンガという薬草の儀式を受けなければならない。参加者は朝のうちに、

牛乳とココナッツの水とマグネシウムを混ぜた下剤を飲み、トイレにかけこむ。

午後三時に儀式のおこなわれるマロカに行った。リマやドイツから来た患者、薬草のレポートを書くというフランスの大学生三人など、総勢七人が壁際の小さな椅子に座り、二リットルのピッチャーとバケツを用意する。中央には、センターの職員でもある女性シャーマン《クランデーラ》が準備を整えている。どんぶりに入ったヤワルパンガは深緑色の汁だ。巻きタバコ《マパチュ》、タバコ汁、やかん、フロリダ水とカナンカ水の香水、トイレットペーパーなどが机にならべられている。アシスタントが大きなたらいに水を張ってもってきた。

女性シャーマンが言うには、ヤワルパンガはケチュア語で「血液の葉」を意味する。身体的には胃の洗浄が目的で、魂の汚れを吐き出させてくれるという。六リットルの水を飲み、三時間も吐きつづけるつらい儀式だそうだ。身も心も浄化されれば、明日の夜おこなわれるアヤワスカ・セッションでも精霊の声がより鮮明に聴こえてくるはずだ。

それから今後一週間は食事制限を守らなければいけない。アヤワスカがふくむ有効成分ハルマラ・アルカロイド（ＭＡＯＩ）は絶対にアンフェタミン系の薬物、ペヨーテ、サンペドロ、エクスタシーなどと併用してはいけない。発酵の副産物としてできるティラミンを多くふくむ熟成タンパク質食品、チーズ、ビール、ワイン、コーヒー、チョコレート、ヨーグルト、クリーム、レーズン、イースト菌食品、ピクルス、キャベツの酢漬け、チキン・レバー、エスカルゴ、イチジク、醤油などもだめだ。

僕は日本から醤油パックをもってきていたので、ぎくりとした。きのうワイキキという日系人のレストランで、山盛りの海鮮料理パリウエラに醬油をかけて食ってしまった。シャーマンたちが伝統的に受け継いできた食事制限は、ちゃんと理由があったんだと、あらためて感心する。

女性シャーマンが歌いだした。草を束ねたシャカッパという団扇《うちわ》を規則的に振っている。コップにタバコを吹きかけ浄めると、みんなを呼んだ。大さじ二杯ほどのヤワルパンガを順番に飲んでいく。三鷹にある青汁ショップの常連だった僕には、それほどひどい味ではなかった。青臭いゲップが出た。ピッチャーいっぱいにたらいの水をすくい、がぶ飲みする。シャーマンは口にふくんだ香水を各自の頭に吹きかける。

あっというまに二リットルを飲み干したが吐けない。腹がパンパンに張ってこれ以上水も飲めない。シャーマンがタバコ汁をコップについでもってきてくれた。ニコチンとタールの毒水を飲んだとたんに吐いた。黄色いプラスティック・バケツに、瀑布のごとく噴出した。青臭い水が鼻の内側に逆流し、涙がでる。

なぜこんなことまでして、アヤワスカをやらなくちゃならないの？　と弱気になる。

さっき飲んだ二リットルだって全部吐きだしたわけじゃないのに、胃袋のすき間にさらに流しこむ。のどが締めつけられ、首つり自殺のほうがまだましじゃないかと思うほど苦しい。胃を押し、舌を突きだし、唾液をぶらさげては、吐きつづける。みんな涙と鼻水とよだれでぐしょぐしょだ。

ブロンドの美女からスキンヘッドのあんちゃんまで一気飲みと嘔吐をくり返す風景は、まさに地獄の合コンだった。

ヤワルパンガを飲んで
水を吐く

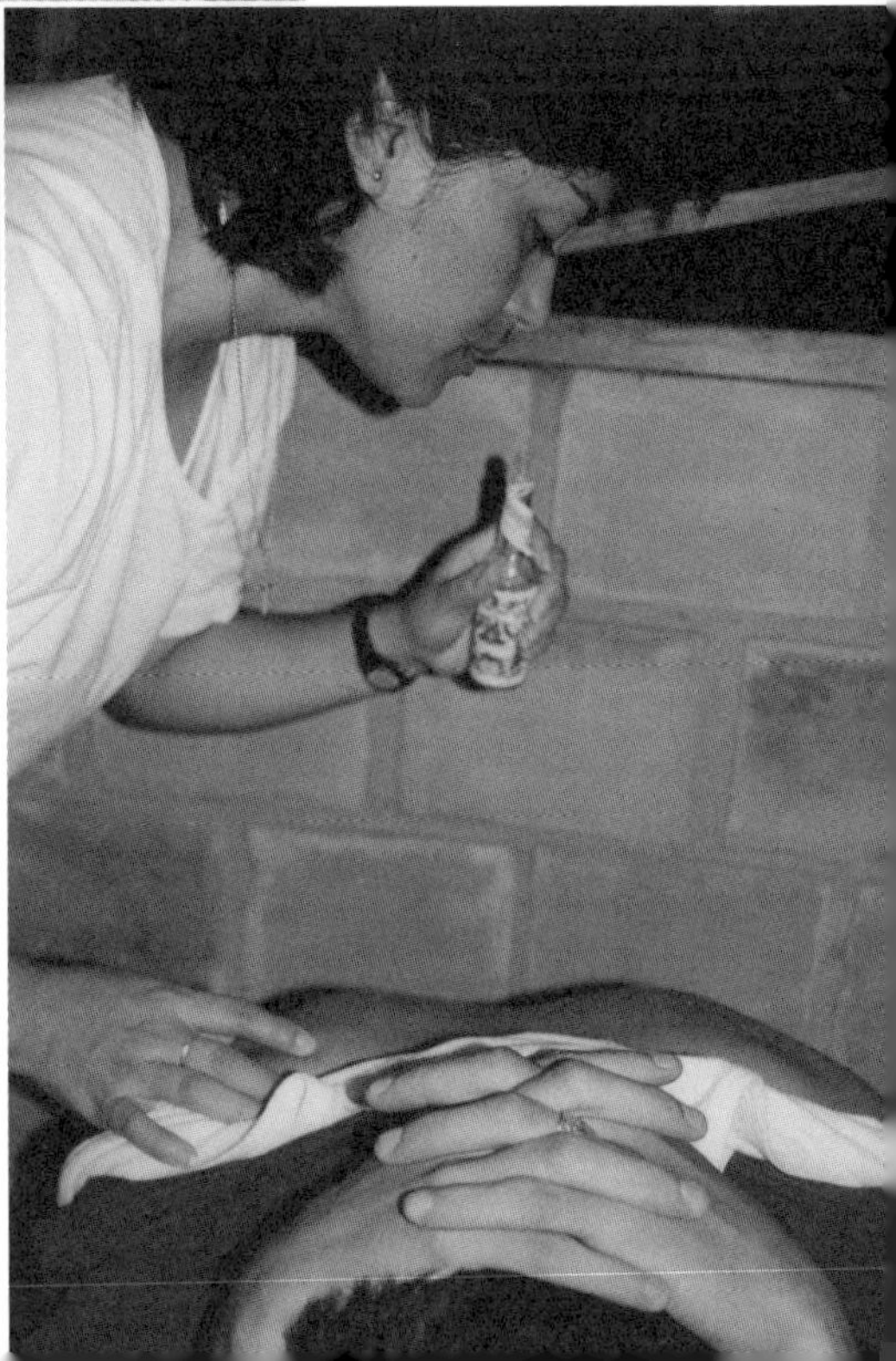

口にふくんだ香水を吹きかける
女性シャーマン

翌朝みんなで山に登った。

川をひざまで浸かってわたり、ジャングルのなかの一本道を歩いていく。複雑にからみあう緑のなかに、鮮やかな熱帯の花が目を奪い、玉虫色の蝶が夢心地に誘う。一時間ほど歩くと、ヤリーナ椰子で屋根をふいた集会所《マロカ》があった。今夜のセッションはここでおこなわれる。少し先には患者たちの世話をするウィンストン一家の母屋があり、となりの台所小屋でひと休みした。奥には十五の小屋が距離をあけて建っているが、患者たちとの話は禁止されている。彼らは二ヵ月に一度、八日間山にこもり誰にも会わずに食餌療法《ダイエット》を受ける。塩と砂糖ぬきの野菜や米粥、ユカ芋や青バナナなどの質素な食事だ。患者のいない小屋を見せてもらった。それぞれの小屋には薬草の名前がつけられている。三畳ほどのスペースに竹製のベッドと小さな机だけがある。ハンモックは各自で持参する。シロアリに食われないよう柱には油を染みこませたスポンジが巻いてあった。

夕方まえにシャーマンが到着した。タキワシのディレクター、フランス人のジャック・バディットだ。ロマンス・グレーの巻き毛をした端正な顔立ち、穏和な微笑みのなかにも確固たる存在感がある。フランス人のシャーマンというので心配していたが、彼なら信頼できそうだ。集会所が暗くなりはじめるころ、患者たちがひとりふたりと現れる。憔悴した様子はなく、唯一他人と会話ができるこの日を楽しみにしているようだ。

「つかまえた《ガッチャ》」

いきなり、何者かに組みつかれる。

首根っこをヘッドロックで締めあげてくる。振りほどこうにも、顔をあげることさえできない。麻薬の禁断症状に発狂した患者にちがいない。まわりの連中は止めるどころか、くすくす笑いさえ聴こえる。狂人を足払いでなぎ倒す。馬乗りになって反撃しようとしたとたん、目を疑った。

「ユパンキ！」

やつは自慢の鷲鼻をひくつかせて爆笑している。もう鼻の下は赤く腫れてはいなかった。

「おまえ、こんなとこでなにやってんだ？　ニュージャージーには帰らねえのか、サグラはどうした？」

ユパンキの握手を、後ろ手にひねりあげた。

「痛たたっ、友人の弁護士にたのんで全部片づけてもらったよ。サグラは八ヵ月お留守番さ。おれがここを出る来年の秋に結婚するんだ。途中で脱走しなければの話だがな、あっはっは」

「わたしがユパンキの命はあずかるから、安心したまえ」

シャーマンがレフリー代わりに、僕たちを引きはがした。

「前回のセッションで、ジャックと兄弟の杯を交わしたんだ。アヤワスカでな」

ユパンキは、記念写真よろしくシャーマンと肩を組んだ。

「フランス人なのに、どうしてシャーマンになったんですか？」僕は疑問をぶつけた。

ジャックはフランス領のニューカレドニア生まれ。ネイティヴの友だちはいっぱいいたし、子どものころからシャーマニズムには親しんでいたという。十年ほど前にカルカッタのマザーテレサ病院でボランティアしていたとき、死んでいく病人をたくさん看取る。パリやナントで四つも大学に行って学んだ知識がなにも役に立たなかった。薬品がないと病人を助けることができない自分に腹が立った。

「それをシャーマンはまわりに生えている草と、祈りの力で治してしまう。理屈はともかく、患者にとっては実際の効果がすべてなんだ。それからはアフリカ、アジア、南米とシャーマン修行さ。まっ、今では獣医の弟子もできたしね」

「ジャックから薬草の知識を教わってるんだ。昔のシャーマンは動物の病気も治していたっていうしな」

「そのまえに高速回転するコカインおつむを治すんだ」

シャーマンはユパンキの頭をつかみ、大げさに揺すぶった。こんなに明るく笑うユパンキを見たのははじめてかもしれない。

セッションは夜の九時にはじまった。

風通しのいい壁を背にして、僕はユパンキのとなりに座った。参加者はシャーマンもふくめて十二人だ。シャーマンが薬草の液体を自分の体に塗り、ミント水を口から噴き、場を浄める。とたん、雷が鳴り響いた。山奥のジャングルで、すごいセッションになりそうだ。アヤワスカのグラスにタバコを吹きかけ、順番に飲む。それにしてもグラスが小さい。メレンデスのところで飲んだ三分の一の量だ。あれでさえ物足りなかった僕は、自分の番がきたときに訊いた。

「最初に二杯いただけませんか？」

シャーマンはあっけにとられたあと、苦笑いした。

「とにかく一杯目を試してからにしなさい」

エスプレッソ級に濃い。確かにこれは通常の倍は煮つめてある。その証拠に、いつもは三十分を過ぎてから徐々にはじまるトランスが、十分もしないでやってきた。シャーマンが深みのある声で、精霊《イカロ》の歌を唱えはじめた。

あなたの心を開きなさい
あなたの感情を解き放ちなさい
わたしは植物の王国から来た
世界を虹で塗るために
あなたの心を開きなさい
あなたの感情を解き放ちなさい
わたしは忘却の川から来た
落とし物を思い出させるために

ジャングルが呼応するかのように雨が降りはじめ、虫の合唱がうるさいくらいに高まっていく。熱帯雨林の交響楽がより深い地層へと僕をいざなう。雷光が閃き、地響きが世界に亀裂を入れる。

硬化した脳の活断層からは不気味な瘴気《しょうき》が噴きだす。

影？

僕のむこう側に白い服を着た人が座禅を組んでいる。誰かが場所を移動したんだろう、さっきまではいなかったはずだ。ろうそく一本の闇のなかでも人数くらいは数えられる。

一、二、三、四……十、十一、十二、十三。ん？　参加者は全員で十二人のはずだ。

一、二、三、四……十、十一、十二……

も、もうひとりいる！

戦慄が全身を駆けぬけた。僕の知らない誰かがこのなかにいる。

雷鳴とともに、白い影が消えた。同時に内側に誰かが入りこんできたのを感じた。帰宅した一人暮らしのアパートに、何者かがいる気配だ。それは猟奇殺人をくりかえすストーカーかもしれない。静かに膨張していく恐怖は、破裂直前の風船だった。脳内にある小部屋の電灯をひとつひとつつけていき、風呂場やトイレも開けてみるが、誰もいない。しかし依然として侵入者の気配は消えない。なんとか助けてもらおうと、となりのユパンキに手を伸ばす。重い手をやっと宙に浮かせ、ユパンキのひざを目指して運んでいく。ちょっとでも気をゆるめたら、意識が飛び散ってしまう。集中しろ、全神経をこの左手に集めるんだ。わずか三十センチの距離を移動するのに何分、いや何年もかかった気がする。あとはユパンキの手を引っ張ればいい。最後に残された闇のなかに何者かが潜んでいる。クローゼットの取っ手を一気に引き開けた瞬間、魔物はそこにいた。

「あなたは……」

真っ白い闇、もはやここは空間ではなかった。

「アヤワスカが、ケチュア語で〝死者の蔓〟って意味なのはおぼえてる？　アヤワスカは生きている人間だけじゃなく、死者と生者も出会わせるの」

ナスカで聴いた音声のない声だ。聴覚ではなく脳に直接言葉を送ってくる。ヴィジョンレベルとはちがう層で、ありありと存在を感じる。そう確実に、彼女はいた。

「みどりさん！」

「せめてわたしがこの世にいないことくらい、知らせたかったのよ」

あやふやな怒りが突き上げてきた。僕は自分の未来を幽霊にもてあそばれていたのか？

「それで、僕を利用したわけですか。日本で僕にアヤワスカを飲ませ、あなたの本を読ませ、ゴリさんの家に連れてくるっていう計画ですね。僕が感動して読んだあなたの本も、僕が選びとってきた旅も、僕を導いてくれた人たちも、みんなあなたの差し金ですか、僕はあなたに操《あやつ》られていたって言うんですね？」

借金までして旅にでた自分が、正真正銘のバカに思えてきた。

「ちがう、それだけは絶対にちがうわ。死者にだって人の運命を操るなんてできないし、すべてはあなたが自分で選びとってきたことなのよ」

そんなこと言ったら、目的と動機が入れかわっちまう。みどりさんのメッセージを届けるのが目的じゃなく、僕を運び屋にするのが目的なのか。

「はっきり言いますけど、あなたがやり残した仕事を引き継ぐために僕は旅してるんじゃない」

混乱した。

消えゆく実体から、最後の生々しい言葉が鼓膜に焼き付く。

「そう、あなたはもっと遠く《マス・アジャ》へいけるわ」

「もっと遠く？」

いきなり、頭蓋をわしづかみにされた。

目の前にシャーマンが立っている。手の平から小さな振動が伝わってくる。長い長い沈黙のなかで無言の会話が交わされる。シャーマンの大きな手はこう言っていた。

「いいんだ、いいんだ、君のなかで起こったことをすべて受け入れなさい。アヤワスカの世界ではどんなことも起こりうる」


いつのまにかスコールはあがり、セッションは終わった。

「ところで、おまえ誰と話していたんだ」

ユパンキがけげんな顔で訊いてきた。

「えっ、僕、声だしてた」

「いや、助けてくれって声が聴こえたんでおまえの顔を見たら、口は開いてなかった。今度は伸ばしてきた手をたたき落とした。そのあとの内容まではわからないが、なにかに向かって怒ってたな」

「わたしにも聴こえたよ」

シャーマンは僕の横に寝ころんで、天井を見上げた。

「……みどりは死んだんだな」

えっ！　どこまでが現実で、どこまでが幻覚かがわからなくなった。すべてを統括するシャーマンは、僕の見た幻覚まで知っているのか？　アヤワスカの有効成分ハルミンは、テレパシーを誘発する物質として「テレパシン」と名づけられている。

「みどりは、恥ずかしがり屋で、いつもひとりで座禅を組んでいた。みんなが嫌がるゲロのバケツを掃除したり、困っている人を見ると放っておけないたちだった。そのくせ自分にはきびしくて、何度もいっしょにアヤワスカをやったよ。その度にこう言っていた」

シャーマンは少し哀しそうに僕を見た。

「もっと遠くへ《マス・アジャ》、もっと遠くへ《マス・アジャ》って」

プカルパ

第一歌　幻覚の画家

「死者の蔓」をとおしてみどりさんと話せたことで、もっとアヤワスカを知りたくなった。アマゾンで最高のシャーマンと呼ばれた男に会うため、ジャングルのなかに切り開かれた空港におりたった。アンデスとは対照的にアマゾンの空は高く淡い水色をしている。雨期がはじまったせいか、空気は艶《なまめ》かしい湿気をふくみ、入道雲がカリフラワーの形に積み重なっていた。

空港から乗りこんだモトタクシーは十五分ほど走ると舗装道路からはずれ、市場の角を泥んこ道へとくだっていく。ジャングルを切り開いてつくられた町だけあって、坂道が多い。ブリキ屋根をのせた簡素な木造家屋が並ぶなか、運ちゃんは高床式の立派な建物を指さした。

パブロ・アマリンゴ氏がアマゾンの貧しい子どもたちのために開いた絵画学校「精霊の王子《ウスコ・アヤール》」だ。二階建ての校舎は幅約二十メートル、奥行きは十メートルほどだろう。オフホワイトで塗られた木造建築で、涼しげなベランダが一、二階をぐるりと取り巻いている。一九八八年、ウスコ・アヤールは人類学者エドワルド・ルナの力添えで設立された。以来十年のあいだに千人以上の生徒が学んでいった。絵をとおして自然の美しさ、大切さを生徒たちに伝えていこうという理念に貫かれている。この功績に対して、一九九二年にブラジルで開かれた地球サミットで、国連グローバル平和賞を贈られている。

アマリンゴ氏が来日したときに、僕は「プカルパで会いましょう」と約束したが、突然押しかけてだいじょうぶだろうか。半分開いた黒い鋼鉄の引き戸に、僕は顔を突っこんだ。鉄棒にカラフルなビニールチューブをはったベンチから小柄なおじちゃんが立ちあがる。まちがいない、国分寺にある東洋経済大学六号館地下スタジオで会ったシャーマンの画家、アマリンゴ氏だ。

「本当に来ちゃいました。おぼえていますか」

僕はおみやげに百円ショップで買ってきた二十個のパレットを差し出した。

「ああ、頭にたくさんの蛇をつけた日本人は、ほかにいなかったからね」

僕のドレッドヘアーをメドゥーサに例えられたのは、はじめてじゃない。でもアヤワスカの蛇を完全に使いこなした偉大なるシャーマンから言われると、びくっとしてしまう。小ぶりのリンゴが差し出された。

「日本人は『甘林檎《アマリンゴ》』とおぼえてくれたらしい、あっはっは」

チンパンジーのように無垢な笑顔だった。いや失礼、こんな素敵に微笑める人がこの世にいるだろうかと思えるくらい、包容力のある笑顔だ。五十七歳になるパブロ・アマリンゴ氏を、みんなは敬意をもって「ドン・パブロ」と呼んでいる。シピポ族の血を引く東洋的な顔立ち、無邪気さと厳かさが共存する瞳、小柄だが頑健そうな体、どこか僕の祖父、松吉を思い出してしまう。

さっそく二階のアトリエに案内してもらう。キャンヴァスに描かれた等身大の自画像が立てかけてある。紙やイラストボードの作品が大きな机の下にしまわれていた。ドン・パブロは描くまえに必ず祈り、精霊の許しを得てから筆をとるという。「アヤワスカ・ヴィジョンズ」という画集で見たことはあったが、生の迫力に圧倒された。

闇のなかに浮遊する極彩色のオーラ、王冠をかぶった人面蛇、ペガサスの馬車に乗ったインカの王、蛇の煙管《キセル》を吸う老賢者、頭から木を生やした植物の母、吹き矢を放つ人魚、三目二鼻一口の女、踊る骸骨、ワニの顔をした巨人、ナマズの頭をもった虎、ピラニアの頭をもった豹、耳のある蛇、タバコを吸う猿、幾何学模様の円盤、火の惑星と氷の惑星、光輝く精霊の宮殿、サソリや毒蜘蛛を使って人を呪い殺す黒魔術師、虹色のバリアーに守られ患者を治療するシャーマン……。

恐るべきイマジネーションと色彩の奔流。不気味でどこかユーモラスな魑魅魍魎《ちみもうりょう》たちに、引きこまれ、呑みこまれ、魅了された。

むきだしの板をはった一階の壁にはジャングルの風景画や生徒たちの作品がかかっている。現在三十人ほどの生徒が通っているが、今は雨期休みだ。授業料は一日三十五円という驚くべき安さだが、貧しい家庭の子どもからは一切とらない。それどころか、彼らが困っていると食事やお金まで与えてしまう。僕はドン・パブロに自分の作品のカラーコピーをわたした。フェリックスに見せた天使シリーズだ。生徒や子どもたちまで集まってきてのぞきこむ。

「よし、君に腕前を披露してもらおう。うちの生徒とデッサン競争だ」

到着早々、電光石火の展開だ。

「制限時間は三十分、最後はみんなに手を挙げてもらって勝敗を決める。もちろん芸術に勝ち負けなぞあるわけがないのは、じゅうぶん承知だ。しかしこのゲームは対象を短時間でつかむ訓練になるからな」

ドン・パブロは、ボクシングの司会者よろしく対戦相手を紹介する。

「わたしの一番弟子ウエリントンだ」

歓声があがった。理知的な褐色のひたいに凜々しい眉、切れあがった目には、静かな闘志がくすぶりはじめる。白人とインディオの血が葛藤し、人当たりはやさしいが、内側に強固な意志をもった男をつくりあげた。感情を直接おもてに出さないウエリントンは、二十八歳とはいえ、そうとうな修羅場をくぐってきた男のようだ。ジャングルを描いた水彩画を見せてくれる。風景の本質をえぐりだす緻密なデッサン力は、天才的と言ってもいい。

「ちょうどペルーでは日系人フジモリとインディオのトレドによる大統領選挙で盛りあがっている。いわばこの戦いは大統領選挙の前哨戦《ぜんしょうせん》だ。北半球から来た日本人アーティストをむかえ討つ南半球のインディオ・アーティスト、はたして勝利の女神はどちらに微笑むか」

日本での講演でも、ドン・パブロはつねにユーモアを忘れなかった。しかも真のユーモアは、本質的に危険をはらむことを承知のうえでだ。きっと子どものころは、新しい遊びを考えだすガキ大将だったにちがいない。

モデルはウスコ・アヤールの花と呼ばれる女子生徒、ミタだ。ミタを黒板のまえに立たせ、顔の両脇に画用紙をはる。黒板から三メートルはなれた僕とウエリントンの足の位置にマスキングテープで印がつけられた。

「三十分だぞ、よーいスタート！」

心臓を一突きで刺し貫けるほどけずった鉛筆でミタの頭頂部とあごの位置を測る。腕を伸ばし、親指の爪を鉛筆にあて、顔の幅を決める。計測は三メートルはなれた場所でおこない、ミタの横にはられた画用紙まで歩いていって描きこむ。卵形の輪郭線が完成した。目、鼻の下、口の高さと大まかなポジションが定まった。

「十分経過」

ウエリントンも、僕と同じ左利きだ。ペルーでもやはり、芸術家《マノ・デ・アルティスタ》の手と呼ばれている。ここまではほぼ同じスピードだった。似顔絵屋をやっていた僕と張り合うとは大したもんだ。ほかの生徒たちは息を呑んで見つめていたが、目鼻が入りだしたとたん、似ている似ていないとはやし立てる。

「十五分」

やばい、相手のペースがあがってきた。僕が消しゴムを使いながら直していくのに対し、ウエリントンは納得するまで見つめ一発で決めていく。

「二十分」

三メートルの距離を何十回と往復するので、画用紙が濡れるほど汗をかく。こりゃあもう格闘技だ。

「二十五分」

ウエリントンが髪の毛一本一本を描いてるあいだに、僕は微妙な陰影を描きこむ、これで絵が浮き立ってくるはずだ。

「それまで！」

生徒たちから拍手が起こった。僕もウエリントンもうしろのベンチにへたりこむ。はっきり言って自信はなかった。僕の絵は光と影でできているのに対し、ウエリントンの絵は繊細な線ででてきている。

「どちらも見事に特徴をとらえているが、全然別もんの画風だな。ＡＫＩＲＡのはまるで生きているようだし、ウエリントンのはミタの内面まで描きだしてる。よし、ＡＫＩＲＡの絵にあげる者？」

子どもたちも入れて、六人中三人が僕にあげた。おっとミタも入れて四人だ。

「たとえわたしがウエリントンに上げても三人だから、ＡＫＩＲＡの勝ちだ」

ウエリントンが苦笑いしながら、新入りに花を持たせてくれた。

「影のつけ方を教えてくれないか」

「こっちこそ線の描き方を教えてくれ」

こいつとならいい友だちになれる。僕はあえて左手をだし、芸術家の手《マノ・デ・アルティスタ》どうしを、がっちりとにぎりあった。ドン・パブロは一見、人のいい素朴なおじちゃんといった感じで笑ってる。いやいや、この笑顔にだまされてはいけない。シャーマンは引退したとはいえ、相手に気づかせないだけ魔法の腕はさらに磨きこまれている。Ａ液とＢ液を混ぜる接着剤のような方法を使って、僕

ウエリントン（右）と
ウスコ・アヤールの花ミタ（左）

をいち早くみんなにとけこませてくれた。いったいアマゾンの小さな巨人は何者なんだ。僕はひさびさに「ひとりの人間」をとことん知りたくなった。

「しばらくここへ通いたいんですが、近くに安いホテルはありませんか？」僕は訊いた。

「そうだなあ、いちばん近いホテルに案内しよう。リュックを背負いなさい」

靴紐を結びなおし、重いリュックを担いだ。ドン・パブロは出口にはむかわず、反対側にあるドアを開けた。六畳ほどの物置には蚊帳のつるされたベッド、机と椅子までそろっている。壁からヤモリが逃げだし、ガラスのはいっていない窓からは薄紫のアサガオやブリキ屋根のバラックが見わたせる。

「もうここは君の部屋だ」

うれしさのあまり抱きついて、ノミ取りグルーミングしそうになった。


「夕食の用意ができたわよ」

いかにも大地の母という感じの女性が二階から呼んだ。ドン・パブロは息子夫婦とふたりの孫と暮らしている。タクシーの運転手をしている息子ホアンと嫁のリディア、孫のパブロ・ミゲルとホセ・ルイスの五人家族だ。

「アマゾン名物の古代魚《カラチャーマ》だ」ドン・パブロがにやにや笑う。

恐ろしくグロテスクな魚が茶色いスープに浮かんでいる。全身が硬い棘《とげ》の生えた鱗《うろこ》でおおわれ、水墨画の龍にそっくりだ。「いっただきまあす」とかぶりつこうとしたとたん、沈黙に気づく。

演奏を披露するドン・パブロ（左端）と
聴き入る生徒たち

みんな手を組み目を閉じて食前の祈りを捧げていた。もとシャーマンのドン・パブロとはいえ、やはりカトリックの国民なんだなあ。

かすかな泥の香りと密度の濃い白身が美味しいこと。アマゾンの主食は青バナナだ。甘みはなく、もっさりとした歯ごたえがある。ユカ芋も甘みのないサツマ芋といった感じで、淡泊な味はどんなおかずにもよくあう。瓶にはいっていたエジプト豆をなにげなく五、六個放りこんだ。ドン・パブロが「あっ」っと言いかけたがおそかった。

口から火を噴いた。

豆だと思ったのはアヒと呼ばれる激辛トウガラシだったんだ。消火器をもってきてくれ！　リディアが差しだした水をがぶ飲みし、味のないバナナにかぶりついてもダメだった。子どもたちは椅子から転げ落ち、ウエリントンは涙を流して笑っている。だから、地雷をテーブルにおくなよ。ドン・パブロが冷蔵庫からヨーグルトジュースをついでもってきた。発酵したアルコールの香りとクリーミーな冷たさが炎を沈めてくれる。

「シピポ族が売りにきたマサトだ。ユカ芋をかんでは吐きだし、唾液と混ぜて作るんだ」

聞かなきゃよかった。胃袋のなかの火傷を内側から妖怪になめられている気がした。とにかく僕の意志とは無関係に、体がアマゾン化していく。

第二歌　萎びた乳首

「ジャングルへ行こう」

　プカルパなんてぜんぜんアマゾンって感じがしねえな、と文句を言うと、ウエリントンが憤然と言い放った。プカルパはイキトスにつぐペルーアマゾン第二の町で、木材業によって急激に発展してきた。言いかえれば、二十二万人の人口と引き替えにプカルパの熱帯雨林は急激に衰退してきたってわけだ。

　モトタクシーでヤリナコチャという船着き場に出る。

　バラックのレストランや手作りアクセサリーを売るおみやげ物屋、マンゴーやパパイヤを山積みにしたジュース屋が軒をつらね、開放的な活気に満ちている。おかっぱ頭に鮮やかな民族衣装を着たおみやげ売りのおばさんや、たくましく日焼けした漁師たちが気軽に声をかけてくる。このへんで仕事をしているのは、ほとんどがシピポ族だ。フクロウの彫刻が目についた。シピポ族はアイヌと同じく、フクロウを知恵の神様として祭っている。支流のウカヤリ川がつくりだした三日月湖の沿岸には、筏《いかだ》のうえに建つ家や屋根のついた十人乗りほどのボートがならんでいた。

　これだ、これだ、はじめて見るアマゾン川！

　インカ人はこの大河を「人類《アマ》の母《ル》なる・大蛇《マヨ》」という美しい名前で呼んでいた。視界が空をすべって雲の遥かに吸いこまれていく。青空を反射する川面との真ん中に巻かれた深緑の帯、地球の肺と呼ばれる熱帯雨林だ。

アマゾンの語源はギリシャ神話に出てくる好戦的な女族からきている。一五四二年ピサロと分隊したオレリャーナは世界最大の大河を発見し、インディオの女族《アマゾネス》と一戦を交える。「アマゾネスの闘争心はすさまじいもので、われわれは危うく完敗するところであった。アマゾネスは恥部をおおう以外はなにも身につけず、弓矢を手にしてひとりで男十人分の働きをする」と記録には書かれている。

僕たちは八人乗りの屋根つきボートでウカヤリ川にのり出した。ボートの先端にならんで腰をおろす。僕は今、あこがれのアマゾン川に浮かんでいる。アンデスから溶けだした水が六千三百キロの旅をへて、ブラジルの河口まで流れていく。その水量は世界十大河川の八つを合わせたものより多く、流域面積は日本国土の二十倍ちかくもある。手の平ですくった水がくすぐったそうに身をよじり、鮮烈な滴《しずく》となってこぼれ落ちた。真っ黒に日焼けした子どもたちが桟橋から飛びこみ、漁師たちが沈みそうな木彫りのカヌーで網を引いている。心地よい川風にほほを撫でられながら、ウエリントンがドン・パブロの逸話を教えてくれた。

三十年ほど前、ドン・パブロはペルー全土から患者が押しかけてくるほど有名なシャーマンだった。彼は貧しい人たちを無料で治療していた。徹夜の治療が終わると、夜明けにはもう行列ができている。しかたなく彼はユカ芋の粥《かゆ》をすすって、またアヤワスカを飲む。一日三回も飲んでいたそうだ。そういう生活が七年間もつづいたころ、女呪術師《クランデーラ》がドン・パブロについた精霊を奪い返そうと戦いを挑んできた。彼は黒魔術との戦いに疲れ、林業の現場監督になった。人夫が猿撃ちに行くんで弾を三発くれと言ってきたが、一発しかやらなかった。どうせ一発ではしとめられまいと思っていたからだ。散弾銃が火を噴き、小枝が折れる連続音が頭上に響く。どさっと地面が揺れた。胸骨が砕け、頭が消しとんだ猿が目の前に落ちてきた。ドン・パブロを強烈な頭痛が襲う。なんと、首のない猿が立ちあがり、踊りはじめたんだ！

　ドン・パブロは発狂寸前の頭を抱えて叫んだ。「今すぐわたしの体を縛りつけてくれ」。でないと自分か他人を殺してしまうからだ。木材を運ぶロープでぐるぐる巻きにされ、カヌーで叔父のシャーマンのもとへ運ばれた。アヤワスカを飲み、狂い死ぬほど号泣した。イキトスに住む従兄のシャーマンに彼の精霊をゆずろうとしたが、精霊のあまりの強さに従兄は怖じ気づいた。けっきょく精霊を女呪術師にかえしたほうがいいと、アヤワスカは教えてくれた。そしてシャーマンをやめなさいと。それ以来ドン・パブロは一滴もアヤワスカを飲んでいないという。

　ピンクの動物がジャンプした。

　ブフェオという淡水イルカだ。美男美女に化けて人間を水中に引きこむという。乱獲されないもうひとつの理由は、イルカの肉を食べると男はインポ、女は不妊になると言われているからだ。逆にマナティーは、肉がうまいので絶滅の危機に瀕している。マナティーは人魚の原型ともいわれ、川の女神と契ることによって漁師は不思議な力を授かるといわれていた。牝を捕獲すると、梶棒で気絶させて男たちが競って性交したという。

　シャーマンに危険を知らせ、アヤワスカを守るといわれるオレンジ色の鳥が、ゴムの木の枝でシクワーシクワーと鳴いている。白い水鳥が魚をめがけて急降下し、水面に突き刺さった。黄色いくちばしの先には真っ青な小魚が胴体を痙攣させる。ウエリントンにもっと話をせがんだ。聞けば聞くほど、あの人のいいおっちゃんからは想像もできないエピソードが飛び出してくる。

ドン・パブロの緻密なデッサンの基礎を築いたのは、なんと偽札造りだった。

十代後半、貧しさのどん底にあった彼は何回もかけて複雑な札の模様を手書きで再現した。試しに使ってみたら、誰にも疑われることなく野菜が買えた。それほど見事なデッサンだったわけだ。逮捕され、牢獄の扉をスプーンでこじ開け脱走した。そのあと何年もジャングルを放浪することになる。農夫、漁師、小売商、床屋、バーテンと、あらゆる職業を転々とする。

偽名を使ってペルーにもどったとき、とうとう刑務所に入れられた。日本大使館を乗っ取ったゲリラがまっさきに刑務所の改善を要求したが、当時の刑務所はもっと悲惨だった。トイレもなく、大瓶ひとつをもたされるだけ。自分のウンコがこびりついた瓶に口をあてて嘔吐したという。刑務所のなかでもドン・パブロは重要な存在だった。ケチュア語、シピボ語、アマワカ語、コカマ語を話せる彼は通訳に雇われた。受刑者に読み書きを教え、散髪までしてやる。受刑者が所長に言えないこと、所長が受刑者に言えないことをあいだに立ってとり持ち、もめごとがあるたび彼が調停してやった。恩恵として与えられたわずかな金銭で絵の道具を買ってもらった。信用が積み重なり、絵を描く自由を与えられる。

ある日裁判長が刑務所を視察にやってきた。白人で大男の裁判長はドン・パブロの絵に立ち止まった。

「君はどこの大学で学んだのかね?」質問の態度があまりに尊大だったんで、こう答えた。「わたしは小学校四、五年生の二年間しか学校に行っていません。わたしが学んだのは、貧乏という名の人生大学です」裁判長は叫んだ。「信じられん、この絵に最高の値段をつけてやれ」当時の七百五十ソルといえば、たいへんな額だ。それを保釈金にして出所した。迎えにきたお母さんはいつまでも泣き止まなかったそうだ。

ウエリントンの話に聞き入っているうちに、ボートは看板ひとつない岸辺に接岸した。密林の小道をぬけたところに、薬草園チュヤチャキはあった。壁のない小屋には、四段の棚が四方にとりつけられ、さまざまな薬用植物が陳列されている。ウエリントンとも友人の園長ロベルト氏は愛想のいい小太りのおっちゃんだ。

「お客さんをスペシャルドリンクで歓待しよう」

園長はさまざまなラベルが貼られている薬草の瓶から、コーヒー色の液体をついでくれた。甘ったるいラム酒の味に胃袋がぽかぽか温まってくる。

「十種類の薬草をブレンドした精力剤パラパラだ。インポや不妊症の治療薬だが、血の循環をよくし、風邪にも効く。こっそりコーヒーのなかにでも垂らしておけば、どんなお堅い女でも朝まで眠らせてもらえんぞ。昔はな、アチュニ猿のチンポをアルコールに漬けて飲んだんだ。うちのじいさまなんか、死んでも勃起したまんまで棺桶のふたが閉まらんかったぞい」

園長のユニークなキャラクターにつりこまれて笑ってしまう。こういう下ネタ話は、薬草図鑑からじゃ学べない。

「アマゾンの植物は一千万種以上と言われておるが、科学的調査を受けている植物は一パーセントにも満たないんだよ。園内には二千三百種の植物がある」

園内といっても、僕にはただの密林にしか見えない。

「世界中で使用されている医薬品の二十五パーセントは熱帯雨林の動植物から抽出されていてい な、マラリア薬も麻酔も抗生物質はもちろん抗ガン剤のなかにもアマゾンが恵んだものがある。人間に役立つ植物なんかを遺伝子資源というが、ガンやエイズを治せるものも存在しているはずだ。さあ、案内しよう」

園長はぶつぶつと小さな声で一本一本の樹木に話しかけ、我が子のように名前と効用を紹介してくれる。

「日本からのお客さんだ。みんなに会いにきてくれたぞ」

園長がペタペタ幹をさわると、心なしか樹冠が揺れる。

植物に感情があるのを証明したのは、もとCIAのクリーブ・バックスターだ。彼はウソ発見器の達人で、ひまにあかせて電極を鉢植えの植物にとりつけてみた。熱いコーヒーに葉を浸してみても針は振れない。少し頭にきた彼は、葉っぱを燃やしてしまおうとマッチをとりにいく。針が振れていた。植物は彼の殺意を感じとったんだ。今度は生きた小エビを熱湯の中に落とす実験で、植物がほかの生命の危機にも敏感に反応を示すことがわかった。伐採業者が近づくと木が震えたり、ウサギが近づくと人参《にんじん》がおびえたり、キッチンに流した熱湯で配水管のバクテリアが殺される瞬間や、ヨーグルトにジャムを混ぜたとき防腐剤がビフィズス菌を殺していることなど、植物は細胞レベルの死にまで反応した。

園長はレナコと名札のついた木に抱きつき、たるんだ腰をこすりつける。

「この幹に好きな女のブラジャーとパンティーを巻いて、樹の汁を朝の五時に飲むと女がなびくんだ」

「まじないのまえに、下着泥棒で捕まりそうっすね」

園長好みの実験もある。素粒子エレクトロニクスの専門家ピエール・ポール・ソーヴァンは自宅の植物に電極をつけ、百キロ以上もはなれた場所で愛人とセックスしたが、射精のたびに針が振れていた。植物は生と死の瞬間を敏感に感じとる。園長流に言わせれば、「イクときは植物もいっしょよ～ん」って感じだ。

逆に精子に電極をとりつけると、誰が持ち主かをはっきり見分けることができる。「全体記憶《ホールメモリー》」は脳だけではなく、細胞レベルにまである。それは生命なきもの、たとえば、ビニール袋やペットボトルなどを構成する原子構成要素《サブアナトミック》にまでも下っていくかもしれないという。

「あっ園長、この木はヴェナキージャですよね」

ウエリントンがなつかしそうに灰色の木肌をさする。

「ぼくが二十二歳のとき丸太運びの仕事でヘルニアになってね、キンタマがグレープフルーツくらいになったことがある。この樹皮を煮こんだ汁を毎日一リットル飲まされてね、二週間の食事制限をしたんだ。塩、砂糖、アルコール、セックスはもちろんマスターベーションもだめ。魚もイワシなどの限られたもので、絶対に魚の骨を折っちゃいけないってシャーマンに言われた。そのとおりにしたら、一週間で治っちゃった」

「魚の骨を折っちゃいけないっていう不条理な指示が心理治療のミソだな」薬草師でもあり、シャーマンも兼ねる園長が指摘した。「シャーマンは患者の体から針を吸いだしたり、石を取りだしたりするだろう？　西洋人はそれをトリックといってペテン師あつかいするが、目に見える形で患者を治療に参加させるための心理療法なんだ」

放し飼いになったニワトリが、得意げに青虫をくわえている。

「思いあがった人間たちは、家畜に餌をやったくらいで王様面してるが、地球の主導権をにぎっているのは植物だ。人間が食う一日十五億トンの食料のほとんどは植物だし、肉類の動物だって植物が主食だ。昆虫や鳥や魚、肉食動物も、最終的には植物を食っている者から命をもらっている。食べ物、飲み物、薬、家、服、燃料、君がメモしてるその紙だって、みんな植物の贈り物だ」

メモをとろうと立ち止まると、もう手の甲に蚊が二匹もたかっている。歩いているあいだは刺さないが、止まった者を狙う。園長はリモンと呼ばれる青いライムをもいですりつけてくれた。

「蚊は甘い血が好きだが、リモンの酸っぱさにキュッとくちばしを引っこめてしまう」

とがらせた唇で肩をすぼめてみせる園長は、校長先生というよりも、永遠の夏休み少年だ。草陰に捨てられたペットボトルやビニール袋をほうきでかき出すうしろ姿に、説教や押しつけはない。なにを思ったか、園長は庭ぼうきを休憩用のテーブルにのせた。

「ゆっくりと押してみなさい」

長い柄の頭を押していくと小枝を束ねた先の部分がテーブルからはみだしていく。

「いいか、一九四〇年から八〇年までの四十年間で世界の熱帯雨林は半分になってしまった。八〇年から九〇年の十年間でペルー全土と同じ面積（日本の面積の三・四倍）が失われたんだ。まだある、まだ残っていると思うだろう」

重いほうきの部分がテーブルからはみだしても、一メートル以上の長い柄が残っていた。

「今では一日に二十万の人間が生まれ、二百種の生物が滅びつづけておる。このままいけば、あと百年足らずで熱帯雨林は消滅する」

日本で「森林保護」などという言葉を聞いても実感がわかなかった。それどころか、冷房の効いたビルで、正義だけを振りかざす運動家のスピーチに嫌悪感すらおぼえた。

一ミリ、また一ミリと、押していく。

世界最大の熱帯木材輸入国である日本は、森林面積六〇パーセントという自国の森だけを守り、東南アジアの森を刈りつくした。僕たちの目の届かないところで日本企業は、フィリピン、インドネシア、マレーシアのサバ州とサラワク州の森を壊滅させた。つぎはパプア・ニューギニアやアマゾンに魔の手をのばしている。大手商社が警察にワイロを渡し、反対運動のリーダーや先住民を逮捕させていることなど、僕たちにはいっさい知らされない。

一ミリ、また一ミリと、押していく。

何億年ものあいだ無数の命を育んだ大木たちは、原木のまま輸入することはできないので法律の目をごまかすためにチップという小片にされて日本に輸入される。それは黄色いコンパネ（コンクリートパネル）と呼ばれる型枠となって、コンクリートを流しこまれ、ビルがつくられ、使い捨てられる。僕は二年間建築現場で働いていたので、邪魔者のように燃やされるコンパネの末路をいやというほど見ている。

一ミリ、また一ミリと、押していく。

「アマゾンの生態系は繊細でな、まだたくさんの森が残っていると思っても、ある臨界点をすぎるといっせいに崩壊するんだ」

その刹那《せつな》！

病院のベッドで静かに眠っていた患者が突然窓から身を投げる。テーブルの縁を支点に柄が弧を描いて起きあがり、一回転しながら落下した。投身自殺。そんな言葉がぴったりだ。

僕の人差し指に、一生消えなさそうな罪悪感が残った。

「まあ、地球の酸素の三分の一をつくっているアマゾンがなくなれば、人類は百年ももたないだろうがな」

「人と森とは永遠にあい容れない存在なんでしょうか」

「そんなことはない、げんに七百万年間も共存してきたじゃないか。この先に森の民シピポ族の住むサンフランシスコ村がある。ウエリントンが一年も住んでいたから、案内してもらうといい」

ふたたび舟に揺られ、川縁からどろどろになった坂道をのぼっていくと、広大な空を背景に子どもたちのシルエットが浮かびあがる。

「あっ先生！」

子どもたちがウエリントンに抱きついてくる。彼は英語や絵や道徳、その他なんでも教えていたという。かなり大きな集落が開けてくる。家々は高床式に作られ、質素で風通しがよいたたずまいを見せている。アスファルトこそないものの、清潔に掃き清められた通りに街灯がついていたのには驚いた。

「サンフランシスコ村は一八〇四年に建てられたっていわれててね。もちろんシピポ族は大昔から住んでいたけど、疫病で苦しんでいたんだ。そこへやってきた宣教師フランシスコがヨーロッパの薬を与え、疫病を追い払った。その後も彼は献身的にシピポ族に尽くし、聖人として祭られたわけだ」

道行く人がウエリントンに声をかけ、なつかしそうに抱擁する。

「はじめは聖人フランシスコのように使命感に燃えていたが、僕も迷いだした。たしかにフランシスコや僕は文明を教えたかもしれない。しかし、はたしてそれが正しいことなのか。近代文明なんかの恩恵にあずかれなくとも、そっとしておくのが一番なんじゃないか。もしかすると自分は正義感に酔っているだけなんじゃないかってね」

ウエリントンが義理の父役になっているという五歳の男の子に服をプレゼントしにいくという。壁のない大きな小屋には旦那さんが漁網をつくろい、奥さんが民族衣装を刺繍していた。独特の幾何学模様はアヤワスカを飲んだとき見るものとそっくりだった。

「交通事故で両親を亡くした男の子をこの養父母が引き取ってくれた。自分たちの子どもが三人、養子が三人いる。こうして両親のいない子どもは村の財産として共同で育てるのさ。インディオは障がい者や精神病者も才能のひとつと考えるんだよ」

ここには古きよき母系制協調社会が残っている。インディオは木を一本切るまえにも、この行為が七世代あとの子どもたちにとっていいかどうか考えるという。自然をレイプし、多様性を認めない、われわれの父系制支配型社会はもう限界にきている。時代おくれの野蛮人として蔑《さげす》んできた先住民の知恵を、謙虚に学び直すときかもしれない。

「三番目のパパからプレゼントだ」ウエリントンがリボンのかけられた包みをわたす。

男の子は照れながらも、贈られたTシャツに着替えた。頭にアンテナがついたアニメキャラクターがプリントしてある。男の子は満面に笑みを浮かべてウエリントンのほほに唇を押しつける。

「悩みにがんじがらめになっているとき、この子の笑顔が僕を救ってくれたんだ。偽善だろうがなんだろうが、僕は人とふれあいたいんだって気づかされたよ」

ウエリントンには自分を律するきびしさと、老成したやさしさが同居している。最初は近よりがたそうなやつかなと思ったが、親しくなると深い思いやりに感心させられる。

「村長にあいさつしに行こう」

小さな沼が見おろせる高台に村長の家はあった。NYヤンキースの野球帽をかぶった若者がウエリントンを抱擁し、僕に握手をさしのべてくる。

「村長のホセ、ウエリントンと同い年の二十八歳です」

こっちの驚きを先に読んで答えてくる。素朴な笑顔とインテリジェンスを兼ね備えたシピポ族のニュージェネレーションだ。

「母親のヤナシータが心臓の病気なんです」

ホセは悲しげにうしろをふりむいた。うす汚れたマットレスのうえに老女が横たわっていた。黒いスカートにゼラニウムピンクの民族衣装が、かすかに息づいている。

「ついこのあいだまでは村の女たちをまとめ、長老だって頭があがらないくらい元気だったのに」

ヤナシータは、瀕死のアマゾネスだった。

「シャーマンたちの治療も効かないし、町の病院に入院していたがよくなりません。リマの大学病院で手術を受けるには莫大な金がかかるんです。日本から来たのならドラゴンボールの気で治してくれませんか」

ホセの切実な目に、あわてて笑顔を引っこめた。冗談ではない、もう藁《わら》にもすがるほど追いこまれているんだ。今はなにも考えず、彼女に治って欲しいとだけ念じよう。老女の枕元にひざまずき、ろうそくに火をつける。アイヌ民族の作法カムイノミをおこなった。ここ三年ほどアイヌの村や祭に通い、伝統的な知恵を教わった。アイヌの世界観はアメリカ・インディアンや南米のインディオたちと驚くほどそっくりで、知れば知るほど奥深いものがある。両手をこすりながら、右から左右に振る。

「火の祖母神《アベッチ・カムイ》よ。この願いをアイヌ・モシリの森の神様《シリコル・カムイ》からアマゾンの森の神様へと伝えてください。ヤナシータの心臓から病魔を払い、ふたたび元気に脈打つように」

アイヌやインディオには「幸せ」や「不幸せ」という言葉もなかったという。生きていることは、とりもなおさず幸せだったし、病気や不運も自分になにかを教えてくれるために精霊が与える試練だと考えた。僕たちは「比べる」ことをはじめたときから、永遠に満足しない欲望に歯止めがかからなくなった。「所有」という発明とともに大地に線を引き、「不幸せ」という幻想が生まれたのかもしれない。

環境問題や老人介護など、現代人は「競争」社会から「共存」社会への転換を余儀なく迫られてる。アメリカでは、バイオテクノロジーの倫理論争が先住民の知恵に助言を求め、ホスピス医療の膨大な臨床報告が、ネイティヴの死生観を復活させている。ホピ族には過去や未来の時制がないし、イヌイットやアボリジニには一人称代名詞、つまり「わたし」がなかった。「自我」なんていうのは、比較的新しい発明品だ。いくら社会的成功をおさめようと、いくら学校で落ちこぼれようと、そんなもんは本当の自分じゃない。僕たちが自分だと思いこんでいるものは、社会や教育によってマインドコントロールされた「役割」にしかすぎないんだ。この惑星とあたりまえのように共生《シンビオシス》していたネイティヴは、知っていた。自分と他者、生と死、現実と夢、幸せと不幸せ、過去と未来など、世界を、分け、隔て、比較し、時間で切り刻むことが、進化のベクトルを破滅へとむかわせることを。奇跡の惑星に育まれている無数の命たちとつながりを感じるとき、本当の自分になれるんだと。

「神様ようくお守りくださいと《カムイピリカチコプンキネ》、言葉を託します《イエカルカンナ》」

ヤナシータの腕、足、背中をこすった。末期ガンで入院した僕の母親は、こうしてもらうといちばん喜んだからだ。乾ききった皮膚が熱を帯び、手の平がひっかかり、にじみだした汗でまたすべりだすまで、こする、こする、こする、ひたすら心をこめてこすった。ぐったりと眠っていたヤナシータが、目やにの凝固したまぶたを開ける。ホセはしゃっくりにも似た声をあげて、驚いた。ヤナシータが自分の力でピンクの上着のすそをまくりはじめたからだ。萎びた乳房があらわになり、ヤナシータは左胸に手をおいて、僕を見た。

「か、母さんは、あなたに手を当てて欲しいようです」

僕は少なからず動転した。他人の母親の乳房に触れていいものなのか。まして息子の目の前で。僕の迷いとは裏腹に勝手に左手が伸び、心臓のうえに当てられた。ひからびた肌の温もりと弱々しい鼓動が伝わってくる。僕は目を閉じ、ふたたび祈りをくりかえした。長い沈黙が流れた。心臓がドクンと波打ち、とっとっとっとっとーとつづく。ヤナシータは小鳥がひねられるような声を上げ、かすかな笑みをもらした。

「……エラク」

「一週間も口のきけなかった母さんが、君にありがとうと言ったんだよ」

喜びに満ちて母親のむくんだ手をにぎりしめるホセの目には、うっすらと涙の膜がかかっていた。

第三歌　ダブルレインボー

「無私の気持ちが人を癒すんだ」ドン・パブロはスケッチ用の板で炭をあおいで、火を熾《おこ》していた。

今日の昼飯はアマゾン式バーベキューだ。僕とウエリントンは、マパテパというナマズに塩をすりこむ。

「彼女が全快するかどうかはともかく、そのとき君はなにかとつながった。北海道にいるアイヌの神様が君の祈りという飛行機に乗って、はるばるアマゾンまでやってきたんだろう。シャーマンの秘密は、うやまいにある。心から患者を癒したい、そのためには大いなる力とつながりたい、世界を丸ごと敬った瞬間に、不可能が可能になる。みんながそういう気持ちになれば、アヤワスカもいらんくらいだ」

炭火が熱い吐息をもらしはじめた。四十センチもあるビリオの葉に、きざんだニンニクと魚を一匹ずつくるんでいく。

「いったいアヤワスカは、どんな起源をもつんですか？」

ドラム缶を改造して作ったバーベキュー台に網をおき、葉でくるんだ魚をならべていく。まわりにトウモロコシと青バナナというのがアマゾン流だ。

「部族によってさまざまだ。たとえば、巨大なアリが人間のところにやってきて知恵を伝えた。アリが死ぬと、粘液についた花粉からアヤワスカの蔓が伸び、腹からチャクルーナの葉が生えた。しかし巨大アリの都市は小惑星の衝突で破壊され、アリたちは皆小さくなったという話だ。わたしが見たヴィジョンでは、インカの勇者が埋められた墓からアヤワスカが生えたというものだ。勇者は妻の夢のなかに現れこう言った。『わたしの死を悲しんではならない。この死者の蔓を煎じて飲めば、いつでもわたしに会えるんだから』こうして勇者はアヤワスカの作り方を妻にくわしく伝授したんだ」

「そういう神話が想像力を育むんですね。絵の豊かなイメージには圧倒されましたよ」

「ひとつだけ、まちがっちゃいけないことがある。わたしは想像で絵を描いたのではない。あれは幻覚ではなく、現実だ。わたしたちの世界の裏側に、無数に連なる現実なんだ」

あちっ。焦げた魚をはじによせた。破れた葉のすき間からニンニクの匂いと混じった肉汁がしたたり、炭のうえに芳ばしく弾《はじ》けている。火がとおったか確かめるために、ひとつの葉を開いてみた。芳しい湯気が立ちのぼり、フォークを刺すと、とろけるように身が崩れる。いっしょにトウモロコシと青バナナも焼きあがる。みんなが皿をもってベランダに集まってきた。

「そういう深いヴィジョンを見るにはどうしたらいいんですか」僕が訊く。

きざんだコリアンダーとしぼったライムをぶっかけて、いただく。ビリオの葉と炭の香りが、脂ののった白身と絶妙のハーモニーを奏でる。

「できるだけ人のこない森のなかにこもって、食事制限をしながらアヤワスカを飲む。短期間なら断食をしてもいいがね。昼間は森を散歩したり、日に当たりすぎてはいけないので木陰でスケッチなどをするのもいい。夜になったらアヤワスカを飲み、瞑想する。樹木の精霊が語りかけてくる言葉に耳を澄ますんだ。彼らは人間の姿をし、親しげに語りかけてくる。タバコをねだられたりするから、用意しておくといいだろう。大切なのは自然を敬い、森と仲良くなることだよ」

僕もいつか森にこもってアヤワスカを飲もうと決心した。

午後訪ねてきた三人の若い生徒たちに、ドン・パブロは宗教の授業をしていた。カラフルなビニール椅子にもたれて、ゆったりとした口調で語りかけるドン・パブロは、まさに現代の語り部だった。

「今年にはいってから英語の聖書を三回も読み直したんだ。もちろん聖書でさえもキリスト自身が書いたものじゃないが、原点に近い真実がより多く散りばめられているな。それは愛の思想だ。聖書で説かれた無償の愛は、教会の経済原理に利用され有償の愛にすり替えられてしまった。わたしはどの教会にも、カトリックにさえ属さないよ」

「えっ、カトリックじゃないんですか？」僕は驚いた。

「人は愛という一点によってのみ、神とつながる。相反するシャーマニズムとキリスト教が重なる唯一の接点だ。無償の愛は他者を排斥しない。愛という視点に立って物事をながめると、宗教者の言うウソが見えてくるぞ」

口の悪い近所では、ウスコ・アヤールに行くと無神論者になると噂する者もいるという。ドン・パブロを知れば知るほど、彼がどれだけ神を敬っているかがわかる。それもキリスト教を遥かに越えた深い宗教観によって。

「もともとキリスト教は、インディオと同じく輪廻転生《りんねてんしょう》を信じていた。イエス・キリストは聖書でこう言っている。『魂はこの世のひとつの肉体から、別の肉体へとつぎつぎ注ぎ入れられる』とな。五五三年の第五回公会議においてユスティアヌス皇帝が初めて輪廻を否定したんだ。以来キリスト教は権力に利用され、免罪符や魔女狩りのあやまちは現代の排他的な宗派紛争にまでつづいている」

　古代からヒンドゥーや仏教まで、ほとんどの宗教は輪廻転生を信じている。何度もこの世に生まれ変わり、苦しい修行を経ることによって魂のレベルをあげていき、やがて卒業する。よく「未来の子どもたちのために、美しい地球を残そう」というが、未来の子どもたちはとりもなおさず僕たちの魂が転生した子孫、つまり自分自身のためということになる。ときどき卒業生が先生となって、母校にもどってくることもある。その律義な先生を、チベット人はダライ・ラマ、ホピ族はカチーナ、アイヌは長老《エカシ》、退行催眠はマスター、キリスト教は天使、シャーマンは精霊と呼ぶ。天使や精霊は進化した人類、僕たち自身の未来の姿かもしれない。

「この本には、原始的な宗教を信じるインディオにヨーロッパの宣教師が本当の神の愛を教えたと書かれている」

　イラストのたくさんのった「新しき世界《ヌエボ・ムンド》」というテキストを使っていた。

「こんなことは大ウソだ。あの盗人どもは黄金を奪うために神の愛を利用したんだ」

　やにわにドン・パブロは立ちあがり、ベランダへと出ていった。なにかを引き裂く音がするので行ってみれば、突拍子もないことをやらかしているではないか！　僕のうしろからついてきた生徒たちも、目を見開いたまま立ち竦《すく》む。

　ドン・パブロは「新しき世界」を燃やしていた。

　高らかな笑い声をあげ、ちぎっては投げ、ちぎってはまた投げる。バーベキューの残り火が燃えうつり、炎が激しく踊っていた。

おお、神よ《ディオス・ミオ》！　だめだ、笑いが止まんない。ドン・パブロと肩を組んで笑いつづけた。この痛快なおっ師匠《しょ》さんをなんと評したらいいんだろ。一見人の良さそうなおっちゃんは、誰よりも過激な哲学者だった。そしてチャーミングなやんちゃ坊主だった。僕はますますアマゾンの小さな巨人に惚れこんでしまった。

「シャーマンは芸術家の遠い祖先だ。絵や文章を使って感動を伝えるのは、現代のシャーマンじゃないか。相反するふたつの世界をつなぐこと、それがわたしたちの仕事だ」

ドン・パブロの背景に、すすすーっと、七色の橋があらわれた。しかも二本。いくら雨期は虹が出やすいと言ったって、映画や合成写真じゃないんだから。僕は両目をこすって見直したけど、本物のダブルレインボーだ。

「ド、ドン・パブロ、魔法で虹だしちゃったでしょう？」

そのとき、電話のベルが鳴り響いた。ペルーの電話代は高く、受話器以外は鍵のかかった箱にしまわれている。ドン・パブロはメモに数字を書き写したあと、顔をあげた。

「君の待ちこがれていたブラジル行きの便が決まったよ。明日の早朝八時だ」

「君の旅立ちを祝福しよう」

いつになく厳かにドン・パブロは言った。目を閉じ、大きく息を吸いこみ、両手を広げる。とっくの昔に引退した偉大なるシャーマンを見られる驚きと緊張で、僕はきをつけの姿勢で突っ立ったままだ。

「アヤワスカの精霊よ、彼の旅を豊かに実らせ、いと高き精神をもって天国へと導きたまえ」

ドン・パブロが上をむき両手を広げた刹那、なにかが降ってきた。な、なんだこの振動は。遠心分離器にでも放りこまれたように細胞が攪拌《かくはん》され、全身が痺れていく。体には触れてないのに、上下する手の動きにあわせ、皮膚が反応する。気のせいなんかじゃない、僕は自分の鳥肌が移動するのに瞠目《どうもく》した。今までたくさんのシャーマンに会ってきたが、こんなのははじめてだ。

シューシュッシュッ。

息吹きがかけられるたびに頭のなかが白く発光する。心地よい痺れが引いていくと、一気に体が弛緩した。

「これをお守りにあげるよ」

なんとドン・パブロは自分の絵を僕に贈ってくれた。惜しみなく与え尽くす愛情に胸が張り裂けそうになる。美しい女性天使が五人ずつ両側にならび、精霊が三人ずつ手をさしのべあっている。有機的に渦巻く着物は金で縁取られ、幾何学模様の地上界を光の玉が飛び交う。画面の頂上には蘭の花びらにも似た……天国があった。

ドン・パブロの背景にあらわれた
ダブルレインボー

ブラジル

天国篇

光の満ちあふれた天上に私はいた。
そこで見たものは、
そこから降りた人には
ふたたび語る力も術《すべ》もない。

ダンテ「神曲」天国篇より

クルゼイロ・ド・スール

第一歌　精霊の国

飛行機から眺めるアマゾンは、僕の想像をはるかに超えていた。
沸騰する植物の海。
毛深い惑星から立ちのぼる性臭、
緑の唇が炭酸ガスをむさぼり、甘い酸素を噴出する。
妖艶なる求愛のダンス、
重　力《グレヴィティー》に淫靡な根を伸ばし、
軽　力《レヴィティー》に放埓な葉を広げる。
たったひとりの太陽と交《ま》ぐ合うために、
森は発情しつづける。
アマゾンは、大地の女神ガイアの陰毛。
女陰《ほと》ばしる尿《ゆばり》は大蛇となって密林をうねり、
堆積する糞は褥《しとね》となって命を育む。

貪欲な膣はあらゆる死を呑みこみ、
あらゆる生を出産する。

網膜にうつる映像は写真やテレビと同じかもしれないが、生身の体に伝わってくる存在感は全然別のものだった。墜落への恐怖か、森から立ちのぼる霊気か、触れてはならない異界への扉をこじ開ける欲望と畏れ？

そう、ここはもう精霊の国だった。

六人乗りの軽飛行機テコテコに乗客は僕ひとり。シートベルトをしろとも言われないので窓辺を行き来するが、飛行機が傾きそうで恐い。自動車教習所よろしく、年輩の教官が若造に操縦を教えている。ジャングルに墜落した日本人女性をテレビで見た記憶がある。一命をとりとめた彼女は、ウマバエに生みつけられた卵が皮膚の下で孵《かえ》り、安全ピンで蛆《うじ》をほじくりだしながら密林をさまよったという。

人間をふたりも呑みこむアナコンダ《スクリー》、六メートルもある水蛇《スクリジュー》、俊敏な大型肉食獣ジャガーや豹《オンサ》、体長三メートルのブラックカイマン、一瞬で獲物をピンクの骸骨にしてしまうピラニア、目や肛門や膣などの穴という穴に潜りこんで内臓を食い荒らすナマズ《カンジエロ》、二百二十ボルトのソケットに濡れた手を突っこんだと同じショックを与える電気ウナギ、あやまって踏みつけると尾ビレで人を刺す淡水エイ、人の指を食いちぎる噛みつき亀《マタマタ》、小鳥をむさぼるタランチュラ、ＬＳＤと似たブフォテニンを分泌する毒ガマガエル《サツボンクルル》、血を吸うと二十センチにもふくれあがる蛭《ひる》、味を覚

える と何度でももどってくる吸血コウモリ、三日で死にいたらしめることができるマラリア、強力なかゆみをもつ小型アブ、ハンバーグ級のゴキブリ、足の爪に卵を産みつける砂ダニ《ビシュードペ》、股間を襲う赤ダニ《ムクィン》、梅毒と同じ症状を媒介する森林梅毒ダニ、そして人食い人種、メディアで報道されるアマゾン情報は、これでもか、これでもかと、脅しをかけてくる。
そのうち教官が居眠りをはじめ、若造はガムをくちゃくちゃやりながら操縦している。片方のヘッドホンのしたには、ウォークマンのラインが延び、シャキラというコロンビアのアイドル歌手がシャウトしている。果てしもなく膨張するエメラルドの惑星を見ていると、命のひとつやふたつ落っことしても、どうってことねえやって気になってくる。

熱帯雨林の十円ハゲに舞い降りた。

どこに国境なんぞあったかは知らないが、降り立った飛行場はクルゼイロ・ド・スール、密林に切り開かれたブラジルの辺境だ。ポルトガル語は、スペイン語の親戚みたいなもんで、なんとか通じないことはない。乗合タクシーで町へむかう。十分も歩けば商店街が終わってしまう小さな町だ。

ピザ屋で知り合ったジャーナリストの家に泊めてもらうことになった。

彼はスペイン語を話し、十年ほど前に日本に行ったことがあるという。名前はパウロ・ヴォン・ベックというが、へたくそなカタカナで「パワロ」と書いたので僕は三色ボールペンの赤を押して「ワ」のうえに点をつけた。それ以来「パワロ」と呼ぶことにした。ドイツ系の白人だが、

軽飛行機から
アマゾン川をのぞむ

無精ひげのむさい中年男だ。ヤマハのテネレ六〇〇という大型バイクにまたがり、僕はパワロのつきだした腹にしがみつく。小鳥の足あと状にひきつれたボタンが、プチッとひとつ弾け飛んだ。ペイルグリーンの壁にトタン屋根をのせた家に案内された。いかにも独身男性らしく室内は殺風景だが、三部屋のほかに広いキッチンもある一戸建てだ。窓を開けると緑にあふれた裏庭が見える。庭に木を植えたんじゃなく、もともとジャングルだった野生樹が逆に残っている。

「どんな記事を書いてんだい？」僕は訊いた。

パワロはフルフェイス・ヘルメットをキッチンテーブルにころがす。カチカチに石化したパンがはじかれて、床に落ちても拾わない。どう見てもやり手の記者とは思えないトロさと、おっとりとした人の良さを感じる。

「友人の社会主義者がだしている新聞に連載してるんだ」

パワロは壁のカレンダーをさした。成金そうな男が教会をバックに笑っている。

「ぼくのパトロンだ。実は君におごったピザも彼のツケなんだ」

パワロは何日も洗ってなさそうな頭をぼりぼりかいた。そしてさりげなく指先の臭いを嗅ぐ。

「君はフリカケが作れるかい？」

フリカケ？　あれって鰹節《かつおぶし》とか、ゴマや海苔《のり》、あとなにがはいってんだっけ。

「日本語はほとんど覚えてないけど、フリカケの美味しさが忘れられなくてね。ここは海から遠いんで新鮮なフリカケは食べられないんだ」

「もしかして寿司のことじゃないの？　酸っぱいご飯に生魚がのってたり、黒いので巻いてあったり……」

「そうそう、それだ。明日パトロンの家でフリカケパーティーをしようよ」

パトロンのプールつき豪邸には、詩人、画家、記者、眼科医、漢方医、女子医大生などが集まってきた。昔のパリにあったサロンという感じだ。僕は暗くなる前からキッチンにこもり、フリカケづくりに奮闘している。二度ほどパワロに寿司だと訂正したが、パトロンにもフリカケと言ったため、パーティーの出席者にはフリカケパーティーでとおってしまっていた。

パワロと昼間じゅう市場を探したが、海苔もワサビも寿司酢も味噌も豆腐も生で食える魚もなかった。ブラジルにはたくさんの日系移民が住んでいるから、ブラジル産の日本食材も売られていると思ったが、ここはブラジルの最果てだ。手に入ったのが「ヒノデ」というブランドの醬油と味の素だけ。これでどうやって寿司をつくれというんだ。

パワロを奴隷のようにこき使い、お手伝いさんやパトロンの奥さんまで巻きこんでキッチンのなかは大騒動。巻き簾《す》の代わりにランチョンマット、そのうえに海苔代わりのゆでた菜っ葉をしき、ワインヴィネガーと砂糖で味付けしたごはん、ネタは砂糖と醬油で煮た魚や挽《ひ》き肉《にく》や鶏肉、それにアボカドも使った。かっぱ巻きならぬ葉っぱ巻きの美しい盛り合わせにみんな拍手喝采、「ビバ、フリカーケ！」

それでも十五人分の旺盛な食欲をまかなうには足りないので、パトロンが典型的なブラジル料理シュラスコを用意してくれた。ビリヤード・スティックほどもある鉄串に牛肉の塊を刺し、溶接用みたいなガスバーナーで焼いていく。ジュージューと脂肪が泡立ち、岩塩が焦げつき、スライスした肉片を、きざんだタマネギやトマトと一緒に口へ放りこむ。

「シュラスコはインディオの人肉を食うのと同じだ」パトロンが言った。「牧場主がインディオを虐殺して奪った土地で育った牛の肉だからな」

パトロンは細長いナイフで肉を切り分けながら、自分では一口も食べない。パワロが肉片をひらひらさせて、からかう。

「表面カリカリ、なかジューシー、う〜ん、天国の味。彼はシュラスコを食べ過ぎて、糖尿病になったんだ。ブラジル人にとって、禁シュラスコは禁煙よりも至難の業《わざ》だからね」

パトロンは異国からきたシェフに細やかな気を使い、僕のビールが終わるたびフリーザーで冷やした霜つきの缶を自らもってきてくれる。ふんぞりかえった政治家とは、およそ縁遠い人物だった。

「ところで君はなんでこんな辺鄙な町にやってきたんだい」

「アマゾンにはアヤワスカを信仰するキリスト教会があって、年末には千人も集まる祭が開かれるって聞いたもんで。年末のカウントダウンまでにそこにたどり着きたいんです」

「アヤワスカを信仰する教会はふたつある。わたしが属するウニオン・ド・ベジェタルとサント・ダイミーだ」

首筋がおぞけ立った。どうして無数の確率のなかからアヤワスカに関係した人物ばかり現れるんだろう。これが小説だったら、ご都合主義もいいとこだ。

「わたしは十年間飲みつづけてきたよ。祭のときには一晩で一リットルも飲んだこともある」

ふつう百ccでじゅうぶんなアヤワスカを一リットルって、そんな一気飲み大会じゃないんだから。

「重要な判断が必要なときには、いつも正しい答えを与えてくれた。おかげで血糖値も下がり、シュラスコ中毒から立ち直ったよ。政治家としては大成できないかもしれないが、こうして友だちにかこまれてるほうがずっと楽しいしね。ところで、この町にも小さなサント・ダイミー教会がある。明日の晩にセッションがあるはずだから、参加したいなら紹介しよう」

こりゃあ、願ってもないチャンスだ。きっと詳しい情報が得られるにちがいない。アヤワスカの蛇が僕に課した使命は、みどりさんの死を伝えることで終りじゃないらしい。

第二歌　星の子ども

農場のまえには二十字架《ダブルクロス》があった。

高さ二メートルはあるだろう。二本の横棒がカタカナの「キ」にも見える。

「サント・ダイミー教会のシンボルだ」

教会主でもあり、精悍な農夫カリーニョは、愛相笑いなどしない。野太い眉毛とがっしりとした体格をもち、爪の内側に土がこびりついていた。表土を剝がれたジャングルという不毛な土地と戦いつづけてきた農夫だ。

納屋と思われた建物に招き入れられる。それはわずか二十畳ほどの手造り教会だった。天井いっぱいに青と白の切り紙細工がさがり、正面にCEFLUAGSと教会名が書かれている。その下に飾られた黒人の写真を、カリーニョは指さした。

「サント・ダイミー教会の創始者、ライムンド・イリネウ・セーハだ」

「アヤワスカを信仰するとはいえ、キリスト教会の創始者が黒人なんですか」僕は驚きをかくせなかった。

「一九三〇年ごろ、イリネウはゴム採取人として奴隷と変わらぬ待遇を受けていたんだ。彼がインディオのシャーマンとアヤワスカを飲んだときに、啓示を受けた。ポルトガル語でダイミーは、英語でギヴミー、くださいという意味だ。力をください、愛をください、光をくださいとアヤワスカに懇願したところからサント（聖なる）・ダイミー教会ははじまったんだよ」

インディオから教わりアフリカ人がつくったキリスト教会か。人種の坩堝《るつぼ》ブラジルならではの組み合わせだ。

「イリネウはつぎつぎと貧しい患者を治していった。二メートル近い無口な大男で、ろくに教育も受けたことのない黒人のもとへ、たくさんの歌が降ってきたんだ。ペルーでは精霊の歌《イカロ》と言うらしいが、わたしたちは神の歌《イーノ》と呼んでいる。アフリカ人の血を引いているとはいえ、作詞作曲などしたこともないイリネウは、百三十九もの曲を残した。ただのシャーマンとイリネウのちがいはここだ。病が癒えたあとも人々はイリネウを慕って、歌と踊りに集まったんだよ」

純白のテーブルクロスには、花瓶に生けられた白桃色の薔薇がそえられている。カリーニョは、

サント・ダイミー教会

白ひげを腹までたらした老人の写真をとりあげた。

「そんな人々のなかにセバスチャン・モタ・ド・ミロがいた。彼はカヌー造りの職人であり、シャーマンでもあったが、自分自身の重病を治すことはできなかった。死を覚悟し、瀕死《ひんし》の体を引きずってイリネウに会いに行く。いっしょにアヤワスカを飲み、奇跡が起きた。ほとんど生きることをあきらめていたセバスチャンが快癒《かいゆ》してしまったんだ。セバスチャンはイリネウとアヤワスカの神秘に魅せられた。秘儀の伝授などという厳めしいもんじゃなく、歌が降ってくるんだ。セバスチャンのもとへは、百八十二曲もの歌が降りてきた。一九七一年、イリネウが亡くなった。後継者は三つに分裂したが、セバスチャンは信徒をひきいてジャングルへとはいっていった。黄金の川《リオ・デ・オロ》で数年をすごしたあと、現在のセウ・ド・マピア（マピアの空）に定着したんだ」

「図書館でいくら調べてもセウ・ド・マピアなんて地名はないんです」

「ボッカ・ド・アクレからジャングルを舟で一日がかりだ。わたしも三度ほど行ったが、人生が百八十度変わったよ」

う〜ん、日本では殺人教祖、麻原彰晃が「キリストのイニシエーション」と称して、ＬＳＤワインを信者に飲ませている。信者はおむつをかまされ、三畳ほどの個室に一日じゅう閉じこめられたという。なにも知らない信者にＬＳＤを飲ませたら、すべてのトリップが「教祖の力」だとマインドコントロールされてしまう。化学につうじた麻原の巧妙さと、ドラッグ後進国の無防備さに、腹が立った。サント・ダイミー教会もオウムみたいな洗脳カルトだったらどうしよう。

「ごらんのとおりわたしも、私財をなげうってこんな教会まで建ててしまったんだから。そこでなにが起こるかは、君が行ったときの楽しみにとっておきなさい。とにかく口では説明できない。ひとつだけ確かなことは、セウ・ド・マピアに行かねば、アヤワスカの秘密、世界の秘密を知ることはできないってことさ」

僕は世界中の宗教に興味があるけど、絶対どこにも属さない。これだけはなにがあってもゆずれない。

自分の直感だけを信じることにした。

カリーニョに先導されて庭にでた。どーんと真ん中にアヤワスカがあるではないか。根元には白い鉢にはいった五センチくらいの芽がある、なんとも可愛らしいアヤワスカの赤ちゃんだ。スペシャルゲストには特等席をと、アヤワスカの真下にハンモックを吊ってくれた。

少しずつ人々が集まってきた。三十代から五十代までの男性がほとんどだ。日本からきた客なんてのは、宇宙人よりも珍しいらしい。みんな競って握手を求めてきては、とんちんかんな質問をする。とくにブルース・リーが日本人じゃないというのは、相当ショックだったらしい。

「はじまるよ」

カリーニョの九歳になる息子、アルフレッドが呼びにきてくれた。なにげないことにも驚いたように濃いまつ毛をしばたたかせるしぐさが、無性に人を惹きつける。

こんなにきらきらした眼、昔の僕も持っていたんだろうな。

十人ほどの大人たちとアルフレッドをはじめ六歳くらいの女の子までアヤワスカを飲む（サン

ト・ダイミー教会ではこの飲み物をダイミーと呼んでいるが、読者の混乱を避けるためアヤワスカに統一する)。カリーニョは、僕にみんなの倍くらいついでくれる。最初に日本で飲んだものと同じ味がした。これはアヤワスカとチャクルーナのみの純粋ブレンドだ。この旅をはじめてからもう二十杯ぐらい飲んでいるので、利き酒ならぬ利きアヤワスカができるようになってきた。ペルーのシャーマンはこれに他の薬草をくわえる。コカがはいっていると眠れなくなるし、トエ(朝鮮アサガオ)はバッドトリップしやすくなる。ボビンサーナは先生の木《ティーチャーズ・プラント》と呼ばれ、水に浸かっても倒れないところから覚醒作用があるといわれている。しかし究極的には、混ぜ物なしがベストだろう。まずいのには変わりないが、どこか清涼感のある味だ。

湿気を帯びた南国の闇が肌にやさしく触れてくる。ゆったりとハンモックに横たわった。落ちないコツは、いくぶん体を対角線につっぱることだ。カリーニョがギターで歌うイーノを聴きながら、頭上のアヤワスカを眺める。なんて優雅な螺旋なんだろう。ざらついた蔓の表皮を撫でると、微妙な振動が伝わってくる。

アヤワスカは人見知りをする友人に似ている。僕からすると、はにかみ屋な女性のイメージだ。旅の最初は絶対的なドラッグと思いこんで、ずいぶん失礼な扱いをしてしまった。これじゃ最初にへそを曲げられたのもしょうがないだろう。なんのことはない、人間とのつき合いといっしょだ。繊細な彼女を知るには時間がかかる。ゆっくりとゆっくりと対話していけば、少しずつ心を開いてくれる。死んだみどりさんがあらわれたセッション以来、アヤワスカをドラッグとは思えなくなった。

アヤワスカは僕たちが本来もっていた力をよみがえらせてくれる。超能力や霊視能力とかの大げさなもんじゃない。第六感どころか、五感の底に流れるベーシックな知覚だ。僕たちは複雑な社会生活を営むために脳に入ってくる情報の九〇パーセントを視床にある検閲装置で遮断している。天才と狂気は紙一重というけれど、人類の進化に貢献した天才たちはいずれも切り捨てられた九〇パーセントからアイデアを得ている。世の中にあふれる情報は膨大だが、その九倍もの豊饒《ほうじょう》な森が僕たちひとりひとりの脳に広がっている。論理的な思考が拡散していき、極彩色の粒子が映像をつくり出す。

森が呼んでいた。

誘惑的なヴィジョンが脳裏をかすめていく。プロペラ機から見た緑の絨毯……薬草園で教わった樹木たちの感情……朝露に濡れた群葉《むらは》がさざめき、沸き立ちながら僕を呼んでいる。おいで、わたしたちの世界へ。恐がることなんかないよ。小学校の遠足ではぐれて以来、森は恐怖の対象でしかなかった。子どものころくりかえし見た悪夢が、生々しい戦慄をともなって再現される。真夜中の森で人面樹の節くれだった手に抱きすくめられる。いけないよ、君たちの世界にはいけないんだ、僕は人間だから。舌が膨張し、叫び声さえあげられない。目の前に広がる赤い洞窟に逃げこんだ。洞窟は安らぎに満ち、怯えきった心をやさしくつつんでくれる。地面はやわらかい泥でできていて、一歩ごとに踏みだす素足をつつみこむ。すべりやすいだけでなく、一定の間隔で波打っている。足をとられて、壁に手をつく。手の平が壁にめりこみ、同じ弾力ではじきかえされた。指のあいだにねばねばしたものがはりつき、臭いをかいだ。車にひかれた猫の死体が放つ、腐臭となつかしさ。それはどす黒く固まりかけた血液だった。ここは日本に残してきた恋人の子宮なのか、わずか二・四センチの風《レラ》がここから掻き出されていったのか！　押さえこんできた感情が湧出する。蹲《うずくま》り、血のりのつまった爪を顔面に突き立て、僕は慟哭《どうこく》した。ひとすじの光が遠くから差してくる。星だ。ぐしゃぐしゃに濡れた顔をぬぐい、光にむかってかけだしていた。転倒し、這いつくばり、それでも光を求めて手を伸ばした。

その手を誰かがそっとつかむ。思わずぎゅっと指をからめた。

アルフレッド！

少年は僕の手をそのまま引っぱった。僕はゆっくりとハンモックをおりる。みんなの視線が僕たちに集中していた。反対の手でほほをぬぐうと、濡れていた。僕は実際に泣いていたらしい。大人たちが戸惑うなか、少年はなんのためらいもなく手をにぎってくれたんだ。純粋な表情には、同情も遠慮も押しつけもなく、僕の羞恥心を溶かしてくれる。僕たちは教会の裏手にある牧草地へ手をつないだまま歩いていった。電気もついていないのに、世界がほんのりと底光りしている。あまりの星の数にへたりこんだ。草に腰をおろし、うしろに手をついて、夜空をあおぐ。

「きれいだね」

アルフレッドはフランスパンみたいな膝小僧を抱え、首をすくめる。

「こんな空を毎日見て暮らせるなんてうらやましいよ」

「あなたの国には星がないの？」

あまりにも無垢《むく》な質問に戸惑ってしまう。

「むかしはたくさんあったんだけど、みんながおもしろがって撃ち落としちゃったんだ。こんなぐあいにね」

　僕が見えないライフルを肩口にかまえ、片目をつぶって引き金を引こうとすると、少年が飛びかかってきた。

「だめだよ、そんなことしちゃ。僕たちはみんな星のこどもなんだから！」

「星の子ども？」

「お父さんが言ってたよ。人間が星空を好きなのは、僕たちがやって来たふるさとだからだって。僕たちはみんな、ずうっとずうっと旅をしつづける星の子どもなんだよ」

「同じ話を読んだことがあるよ。僕たちの体はぜんぶ星のかけらでできているんだって」

　僕の首にまきついた少年の手をほどいた。

「ちょっとむずかしい話だけど、君の手のタンパク質をつくっている炭素原子っていう粒のひとつは、ほら、あそこらへんの星からこぼれてきたのかもね」

　フランス人のシャーマンがやったようにアルフレッドの頭をわしづかみにして揺すぶった。

「君の頭の骨をつくるリン原子の一個は、宇宙が生まれるときにビッグ、バーンッ！　って爆発したときのことをおぼえているかもしれないよ」

　少年の大きくしばたたいた眼が、青い闇にしぼりこまれる。

「ふうん、でも人間っていつか、ぼくのママみたいに死んじゃうんでしょ」

　家畜たちの糞尿の臭いが鼻をかすめ、せつなく胸を締めつけた。

「僕のお母さんも六年前に、空へ還ったよ。そう、星のかけらはずっととどまってはくれない。僕も君もあの牛も、いつか宇宙に還っていく。だけど絶対になくなるなんてことはないんだ。きっといまごろ、君のお母さんは火星人の体の一部になって、タコ踊りしているかもしれないよ」

僕は唇を突きだして、腕をくねくね踊らせた。

「タコ踊り、タコ踊り、あっはっは」

少年も小さな唇を突きだしてくねくね踊った。

「ずいぶんと楽しそうだな」

カリーニョが折り畳み椅子を二組もってきてくれた。立ちあがるとおしりが夜露で濡れていた。

カリーニョは、タコ踊りをつづけるアルフレッドを抱きあげてひざのうえに座らせる。

「あのう、お願いがあるんですけど」

僕はひとつの決心をしていた。

「一度でもいっしょにアヤワスカを飲んだものは魂の家族だ。なんなりと言ってみたまえ」

さっき見たヴィジョンが僕にひとつの決心をさせていた。

「ジャングルで断食をしながら、アヤワスカを飲んでみたいんです。あなたのアヤワスカをゆずってください」

カリーニョはしばらく沈黙したあと、自分の椅子をたたんだ。

「すまんが、アヤワスカを個人的な目的に使うことはできない」

絶望した。

やはりあのヴィジョンは僕の限界を示すものだったのかもしれない。

二時間ほど仮眠をとって、日の出とともに教会をあとにした。体のなかには、まだアヤワスカの心地よい余韻が残っている。窮屈なフルフェイス・ヘルメットをかぶり、パワロのうしろにまたがった。切り開かれたジャングルは、起伏の激しさがむきだしになる。ジェットコースターなみの急勾配《こうばい》をヤマハ六〇〇はすべり落ちていく。

影がよぎった。

刹那、僕たちは宙を舞っていた。時間軸が歪み、鮮明な画像がコマ送りで飛びこんでくる、命拾いした猫は茶斑《ぶち》の体毛を逆立て、鼻面にしわをよせる、薄めたタールの塗り付けられた電柱に、闘牛さながら突進するバイク、ウインドシールドが撓《たわ》み、フロントフェンダーがもぎ取れる、ヘッドライトが花火の華麗さで打ちあがった、パワロは無重力飛行の最中に、前方回転を披露する、僕はパワロの腹に激突し、もうワンバウンドしたあと砂煙に沈んだ。背中から落ち、肺が活動を停止した。それは永遠につづくかと思われたが、おくれて訪れた鈍痛とともに砂まじりの呼吸が再開された。仰向けのまま水晶体を移動させる。

「おい、生きてるか？」

パワロは永遠の眠りをむさぼる牛のように蹲《うずくま》っていた。

「おい、生きてるんなら返事をしろ」

パワロは体を反転させ、「ああ」とだけ、うなずいた。

不思議なことに立ちあがれた。フルフェイスを脱ぐときあばらにかすかな痛みが走ったが、実際たいしたことはない。

「おまえの皮下脂肪に助けられたよ」

ヘルメットを脱がせると、パワロは頭をかいた指を嗅ごうとした。その手を引っぱりあげたとたん、やつは激痛にもんどりうった。

「だめだ、左肩をやられたらしい。大通りでタクシーをつかまえてきてくれ」


州立病院には、フリカケパーティーでいっしょだった眼科医が働いていた。おかげですぐX線検査を受けることができた。保健室程度の狭い治療室にはいると、まえの患者が包帯をはずしたところだ。ひじの上部に直径五センチほどのクレーターができている。すり傷ではこれほど完全な円は描けないだろうし、露出した肉がつぶつぶに浮きだしている。僕の興味津々なまなざしに、インディオの青年が答えた。

「殺人蚊《フェリーダ・ブラバ》だ」

消毒液がジャグジーのごとく泡立っている。

「ここらへんにもいるんですか」

「町のはずれのジャングルだよ。二週間ほど狩猟小屋に泊まって狩りをしていたんだ。明日帰ろうってときに、やられちまった。たまたま漁師が通りかかったから助かったものの、こいつにやられると全身が腫れあがって痙攣《けいれん》しながら死んでいくんだ」

彼は新しい包帯を巻かれ、ラコステの偽物とわかるワニのポロシャツをかぶる。せいいっぱいのおしゃれなのに、背中の黄ばみが色濃く残っていた。

「その小屋って、僕にも借りられますか」

「あたりまえだ。誰も使っちゃいないボロ小屋だぜ。来週の水曜日にこの病院に来るから、案内しよう」

彼が言うには、殺人蚊やマラリアが出没する時間は朝夕に限られている。蚊帳と青レモンをもっていけばだいじょうぶだという。

青年と入れちがいに、レントゲンの結果が届いた。ひじのすり傷にヨードチンキを塗ってもらっていた僕はただの打撲、パワロは鎖骨と上腕骨のつなぎ目にひびがはいっていた。左腕を吊るされ、二週間はバイクとアルコールは禁止された。

「おまえ、本当にジャングルにこもるのか」

病院を出たあともパワロはしょげかえったままだ。

「ああ、あの事故で死んでたと思えば、恐いもんなどないよ。こうしてピンピン生かされてるのは、GOサインの証拠だ」

「わざわざつらい思いすることないだろ」

「僕にだってわからないよ。誰かがうしろから押すんだ。アヤワスカの秘密を知るまでは、絶対におまえをはなさないぞってな」

第三歌　ジャングルの試練

一日目。

アヤワスカは、パトロンが調達してくれた。十年間アヤワスカを飲みつづけた男だから、中身は保証付きだろう。どれだけ深いヴィジョンにはいっていけるか、あとは僕しだいだ。翌週、青年と病院で落ち合い、パワロもいっしょにジュルア川の船着き場に行った。青年は船頭に狩猟小屋の場所を説明した。少々不安だったが、あとはこの船頭が案内してくれるという。一週間後に迎えに来てもらうよう念を押し、倍の料金三十レアル（千五百円）をわたした。パワロは、心配だから場所だけ確認すると言って、一緒に船に乗りこんだ。頑丈そうなエンジンのついた小さなカヌーで支流を三十分ほどさかのぼる。両岸は完全な密林におおわれている。腐蝕した植物から流れ出す有機化合物が川の水を濁らせる。赤茶色いのは紅茶と同じタンニンがふくまれているからだと、パワロが教えてくれた。木の枝に黄色いビニール袋を縛りつけた目印が見えた。ボートが岸に突っこんでいくと、小さな羽虫がいっせいに舞いあがる。船頭がペットボトルのはいった段ボールを担いでくれた。川から十五メートルほどの森の入り口に狩猟小屋はあった。

「こ、これって小屋？」僕はあっけにとられる。

プレハブとまではいかないが、木造建築を期待していた僕がばかだった。椰子でふかれた屋根とさとうきび《カーニャ・ブラバ》の茎で組まれた高床、なんと壁がない！

「今からでもおそくないから、やめたほうがいいよ。豹とかアナコンダが出たら食い放題だぜ」

都会育ちのパワロの言葉に、船頭が笑う。

「ここらへんには人間を襲う大型動物はおらんよ」

船頭はコーヒー色に汚れたタオルで首をぬぐうと、僕を見すえる。

「だが毒蛇や虫には気をつけろよ。病気になったり、助けがほしいときは、岸へいって漁師のカヌーを待ちなさい。朝と昼に二、三艘《そう》とおるはずだ」

パワロはしきりにいやな予感がするとつぶやいていたが、あきらめて舟に乗りこんだ。手首だけをワイパーみたいにふるパワロが小さくなっていく。

ひとりになると、急に心細くなった。

殺人蚊だけはごめんなので、日没と日の出は蚊帳にこもらなければならない。明るいうちにできることをやっておかなきゃ。ジャングル生活の必需品、刃渡り五十センチちかい山刀で椰子の葉を切りにいく。

緑の迷宮に身震いした。今日のところは深入りするのはやめよう。暗緑色の背景にひときわ鮮やかな野生の蘭が目についた。あまりの華麗さに昆虫たちがつりこまれるのも無理はない。だめだ、花に見とれている余裕はない。

まずは屋根の修繕からだ。雨期に入ったので毎日スコールがくる。内側から光の漏れる部分に葉をあて、麻ひもで結びつけた。

日本からもってきたひとり用の蚊帳を吊る。ブレッドシュネイダーというドイツ製品で、袋状

頑丈そうなエンジンのついた
小さなカヌーで支流をさかのぼる

になっているのですき間から虫がはいることはない。小屋の横に立っている三メートル間隔の木にハンモックを結ぶ。猟師たちもこの木を使っているらしく、結び目の樹皮がすり切れていた。

リュックにつまったサバイバル・グッズを床にならべる。携帯用浄水器デリオスは、マヨネーズのようなプラスティック容器に川の水を入れ絞りだす。有害物質やウイルスが流れこんでいなければ、飲料水になる。デンマーク製ポイズン・リムーバーは蛇毒などの吸い出し器だ。針のない注射器状のマウスピースを傷口に当て、片手でピストンバーを引く簡単なつくりだ。バグ・スワット・ローションはアメリカ軍がベトナムや湾岸戦争で使った虫よけローションだ。日本で売られている虫よけスプレーには、有効成分ディートが五パーセントしか含まれていないが、こいつは九十五パーセント。劣化ウラン弾とともに、湾岸戦争からの帰還兵が奇形児などを生む要因のひとつにもなっているという。

マラリアの薬はアラレンというクロロキン系のものだ。マラリアのオーソリティー五反田の赤玉薬局では、スイス製の最先端薬——メフロキンとファンシダールの混合薬で、一回の服用ですむ——を処方していたが、二万円もするのでやめた。ペルーで買ったアラレンはたったの六百円だ。そのかわり週一回同じ日に二錠、マラリア地域に入る二週間前から、地域を出た八週間後まで飲みつづけなければいけない。おまけに舌がねじれるほど苦いときている。ひとつ心配なのは、耐性の問題だ。僕の飲んでいるクロロキンがあまりに長い間使われた結果、クロロキンが効かないマラリアが広がっている。

長袖のTシャツや軍手はもちろん、釣り師が使うネット帽までそろえた。二リットル入りのミネラルウォーターが四本。一週間水だけの断食で通すつもりだが、緊急事態に備えてカロリーメイトを四箱もってきた。こんな品々をながめていると、自分の小心さがいやになってくる。いや、消毒大国からやってきたひ弱な文明人として、謙虚に居候《いそうろう》させてもらおう。

夕闇は空からおおいかぶさるのではなく、地の底から噴き上げてくる。蚊帳のなかに引きこもり、息を潜めて、あらゆる形象が消えていくのを見つめていた。恐怖という瞬間的な言葉では言い表せない不安が脊髄の根本から染みだしてくる。圧倒的な闇につつまれていると、自分が生きていることとさえ疑わしくなる。きのうの晩、パワロにビールを見せびらかしながら、歌謡番組――ボサノバの女王ナラ・レオンも、怒れる若者だったカエタノ・ヴェソロも、あっというまに年とったもんだ――を見ていた自分が夢のようだ。そうだ、とっくにあの事故で僕は死んでいて、きのうや今日の昼間の夢を見ていたのかもしれない。まだアヤワスカを飲んでいないのに、僕は初めて体験する心理状態にあった。

ヘッドバンド式の懐中電灯をつけ、ガラスコップの底にろうそくを立てた。空き缶でも風はさえぎれるが、光が隠れてしまう。ドン・パブロにもらった椰子《ウインゴ》の椀にアヤワスカをつぐ。タバコの煙で浄めてから、アイヌ式のカムイノミで火の祖母神に祈る。和洋折衷《せっちゅう》ではなく、日本と南米の先住民折衷だ。少なくとも僕にとっては、神道や仏教の祈りよりも単純で心がこもる。

一気に飲み干す。しばらく横になっていると、やたらとあくびが出る。シャーマンにとってあくびは不謹慎なものではなく、トランスの前兆だ。古代ヒンドゥー教でも宇宙エネルギー・シャクティーを充電する呼吸法だと考えられていた。おそらく副交感神経を活性化させアルファ波やシータ波を出やすくするのだろう。

懐中電灯を消し、ろうそくの明かりを見つめていた。眼球の模様をつけた蛾が蚊帳に突進し、枯葉色の鱗粉《りんぷん》が乱反射する。ろうそくのまわりを舞う微光をうっとりとながめる。ペンシルヴァニアのハイウェイ・ランプに浮かび上がる粉雪……三年前の冬には妹の子どもとドラえもんの雪だるまをつくった……素っ裸で雪のうえに倒れこんだぺぺ……二十年前パッポン・ストリートで抱いた娼婦の顔が浮かんでくるが、名前がどうしても思い出せない……遠くはなれた恋人の笑顔や、愛しあうときの切ない息づかいが断続的によみがえってくる。

なんだろうこの匂いは？

濃縮されたジャスミンと麝香《ムスク》、いや腐肉とさえいえる魅惑的な芳香だ。鼻腔から侵入した香りが性中枢を刺激し、僕を落ちつかなくさせる。心臓が高鳴り、筋肉がこわばり、瞳孔が開いていくのがわかる。闇のなかに白いものが浮かびあがってきた。花だ、昼間見た蘭にちがいない。でも森のなかにある花がここから見えるはずない。ろうそくを吹き消し、森の暗闇を見つめた。純白の花びらが少しずつ鮮明さをましてくる。両側に開いた花弁は人間の女性器そっくりだった。なんだ、なんだ、一ヵ月以上もセックスしてないからって花に欲情するとはなにごとだ。蘭は惜しげもなく純潔な裸身をさらし、誘惑してくる。このうえなく優雅で、たまらなく艶かしい性器。恐る恐る手を伸ばし、繊細な花びらに触れてみる。羞恥か、恐怖か、歓喜なのか、絹よりも薄い外陰唇が震えていた。可憐に縮れた襞《ひだ》をうっすらと紅潮させる小陰唇。やさしくつまんで広げたとたん、ぴくんと波打ち身をすくめた。鼻先を近づけると、むんっと突き上げる性フェロモンに陶然としてくる。ヴァギナの入り口がぬらっと輝いた。子宮からは、神々が酔いしれた秘密の酒《ネクタリン》が湧きだしている。僕は婚礼のベッドのカーテンを押し開き、侵入していく。まさしく、花と性交した。灼熱の花粉が飛び散る。精子は卵巣に流れこみ、卵細胞に到達する。目的を遂げた花は枯れ、受精器官へと収縮し、種子が誕生する。射精した瞬間に花は消えていた。

二日目。

日の出とともに目覚めた。電気のある生活では気づかないが、太陽がやけにありがたい。なにしろ夕方六時から夜になってしまうんだから、朝が恋しくてたまらなくなる。きのうのヴィジョンを思い出し、股間に手を突っ込む。トランクスはカペカペに乾いてないので、どうやら夢精はしていないらしい。ほっとした。修行中はマスターベーションも厳禁だし、ヨガ行者が言うには蓄えられた精子は別のエネルギーに変換されるという。しかしこんなにリアルで不可思議なヴィジョンを見たのははじめてだ。

トランス中のヴィジョンを克明に記録するために小型カセットレコーダーを使った。巻き戻し、最初から聞いてみたが、「花ちゃん……あっだめ、犯される……いい、いい！」などと大の男が赤面するうわごとしか録音されてない。ペンシルヴァニアの粉雪やドラえもんの雪だるまとかの、浅く忘れてしまうヴィジョンを記録するにはいいが、これをそのまま文章に起こしてもわけがわからないし、百ページくらい使ってしまう。百二十分テープ二本に録音したが、三時間ほどは収拾がつかないつぶやきばかりだ。

正直言って、幻覚を正確に文章化することはできない。

夢よりも鮮明に憶えているピーク時のヴィジョンを、凝縮して再現したのが前述の文章だ。トランスが終わりかけて眠るまでに記憶をメモり、目覚めてからの正常な頭でまとめる。でも「幻覚の再現」という不可能に挑むには、これが限界だった。僕が必死で再現する幻覚を、アヤワスカのすべてと思わないでほしい。三時間から六時間つづくヴィジョンのほんの数分間、いや数秒間のできごとなんだから。

断食は最初の三日間がきつい。意志を強く持って、やりすごさねば。蚊帳から出て、ハンモックに寝ころぶ。夜露に湿ってはいるが、やっぱこっちのほうが快適だ。少しずつ反動をつけて揺らすと、ますます楽しくなってくる。むっちりと水分をふくんだ密林は朝日に沸騰し、ほほに水滴が落ちてきた。人差し指でぬぐうと、ごろり。蛍光グリーンの青虫だった。ひとりでパニクり、ハンモックから落ちた。長袖Tシャツのうえからひじを打ちつけ、血が滲んでいた。

人間は僕ひとりとはいえ、ここは生き物の過密都市だ。人間は産業革命以降都市に住むようになったが、人類史の九十九・九九六パーセントは森にいたのだ。ガーデニングやアロマテラピーなど、植物による癒しが都市生活者のあいだに広まるのも当然のことだろう。そう思うと、密林がマンハッタンのビル群に思えてきた。都会はコンクリートジャングルと呼ばれるくらいだから、人間が森の記憶を無意識に再現したのかもしれない。毒蛇と交通事故も、殺人蚊と通り魔も、たいしたちがいはない。

ちなみに「ジャングル」の語源は、インドがイギリスの植民地だったころにヒンドゥー語から派生した言葉で、「未開の荒れ地」という意味だ。いつごろから森が「命を恵む豊饒なる母」から「征服すべき不倶戴天《ふぐたいてん》の父」となったかは、古い歴史がある。人類最古の文明メソポタミアは、シュメールの楔形《くさびがた》文字を発明し、バビロン王朝を建て、「目には目を」で有名なハムラビ法典をつくり、「ギルガメシュ伝説」を残した。不老不死の霊薬を求めて旅に出たギルガメシュ王は、森の神フンババを殺す。フンババは顔の真ん中にあるひとつ眼で人間を石に変え、「その叫びは洪水、その口は火、その息は死」という怪物に描かれているが、アイヌ民族が桃太郎伝説の鬼に歪められたと同じくフンババは森に棲《す》む先住民だった。実際にレバノン杉の森を伐採しつくしたメソポタミアは、生態系が崩れ、塩害による麦の干ばつで滅んだという。森に復讐された最初の文明だった。

いやいや、ひとごとじゃない。

現代のバビロン日本から来た僕は、森で生きのびる知恵などゼロに等しい。少しずつジャングルに体を慣らそう。いちおう磁石で方向を確認しながら、わずかに踏み固められた猟師道をたどる。十階建てのビルほどもある緑の天井では、太陽を求めて激しい生存競争が繰り広げられてい る。光が地面にとどかないので、凛とした冷気——霊気といってもいい——に身がひきしまる。下層ではチャンスを狙う若木がひしめき、さまざまな植物たちが独自の戦略をめぐらす。からまり、はい登り、寄生し、着生し、棘を生やし、近づいた人間を蟻《あり》の兵隊に襲わせる木まである。僕たちが日常使っているゴムも、もともとはシロアリなどの口をふさぐために樹木が分泌する天然の殺虫成分なのだ。蟬時雨《せみしぐれ》が痛いくらい全身に降り注ぎ、極彩色のオオハシ鳥《パパガヨ》が絶叫する。地味な毒蛇《ヘルゴン》を踏まぬよう足もとには注意する。トレッキングブーツのひもに、四センチもある蟻がへばりついていた！　びびる、びびる、たかが蟻一匹にびびる。あわてて軍手で払い落とし、あとをついてこないのを確認する。ガサッと草むらが揺れ、僕は悲鳴をあげて飛び上がる。それはクイの毛を短くしたようなネズミ《サチャクーユ》だった。人がいなくてよかった、こんな恥ずかしい姿を見られたくない。ネット帽に蚊がぶつかってくる。背筋が氷柱になる。はじめ偶然かと思ったが、明らかに目を狙ってくるのだ。いつのまにか長袖Tシャツの上から上腕部を刺されていた。蚊は森の番人だ。こうして部外者の侵入を妨げる。なんだか免疫機構に攻撃されるウイルスになった気分だ。

日本の先端医療では、映像と音と匂いでバーチャルな森を再現しているが、ここでは森林浴などというロマンチックな言葉など通用しない。

「緑の地獄」

アマゾンに侵入したヨーロッパ人は、そう呼んだ。森は残酷なほど平等である。倒れ伏せば容赦なく呑みこまれるだろう。僕はブーツの下で分解されていく一枚の朽ち葉となんら変わりはしないんだ。

複雑にからみ合う木々は神経繊維にも似て、森の体内に侵入した実感が湧いてくる。それはエロティックとさえいえる空間だった。無数の死がむせかえるほどの腐臭を放ち、無数の生命たちが出産される。生命たち？　いや森自体がひとつの生命体だった。木々が、動物が、鳥が、虫が、微生物が、そして迷いこんだ僕までもが森の体細胞となってひとつの命を支えている。

森は呼吸し、排泄し、性交する。

森は見、聴き、記憶する。

「自然と人間」などという対立する二元論は存在しない。すべての生命が有機的に交合《まぐわ》い、喰らい合い、育み合うひとつの全体《ワンネス》だった。

へとへとに打ちのめされて小屋にもどると、ついカロリーメイトを取りだしてしまう。せめて文明の匂いを嗅ぐだけでもいいじゃないか。いや、袋を破ったらおしまいだ。僕は自分の弱さをいやというほど知っている。どうせ勝手な理由をつけてむさぼりついてしまうだろう。カロリーメイトをしまうと、ダブル・ファスナーのつまみを合わせて小さな南京錠をかけた。


アヤワスカが主食だ。

水以外に摂取できるものは、アヤワスカだけだ。胃壁の突起《とっき》が喜びに震えるのがわかる。嘔吐どころじゃない、一滴も残さず吸いこんでいく。

シャーマンがひとりで森にはいって修行するのは、いちばん合理的な方法だと思った。誰かと話したいけど、人間はいない。木でも虫でもいいから僕の話を聞いてくれってな気持ちになってくる。そこで異種間のコミュニケーション回路が開いてくるんだ。視覚、聴覚、嗅覚、味覚、触覚、五本のコンセントを抜いて、森の電位と平衡状態にする……目が暗闇になれてくると、黒い塊だった森の輪郭線が浮き立ってくる……一本一本の木々がじっと立ちすくみ、侵入者の意図を計っている……いつしか僕は、森の感情に引きこまれていった。

周期的な波が襲ってきては、森は僕を追い出そうとする。いやだ、騒々しい人間界にはもどりたくない。ひざを抱え体を丸めて、かたくなに抵抗する。左手が上へ伸びていく。発芽……そんな言葉がぴったりだ。体を締めつけていた緊張がほどけ、ゆったりと立ちあがる。全身の血管が心音に合わせて蠕動《ぜんどう》する。静脈がぶちっぶちっと皮膚を突き破り、鞭のごとくしない、伸びていく。不思議と恐怖はない。皮膚がごわつき、乾燥し、ひび割れる。目と口がしわしわにすぼまり、琥珀色の体液が流れだした。視線が上昇していくというか、体がもちのように引き伸ばされる感覚だ。全身が奇妙な形にねじれ、関節がめりめりっと枝分かれしていく。固定された足指が細かく裂け、地中にめりこむ。

僕は一本の樹木になった。電気的な信号なのか異種伝達《エキソ》フェロモンなのかわからないが、やさしげな感情が伝わってくる。かすかな枝のさざめきが、歌声のようにも聴こえてきた。

三日目。

爽快に目覚めた。昨日までの孤独がうそのように消えている。昨晩僕は木になったんだから。ドン・パブロはヴィジョンを幻覚じゃないというが、実際の気分にまで影響をおよぼすのは確かだ。通常アヤワスカのヴィジョンはもっと断片的だ。これだけ集中したヴィジョンを見られたのも、断食と森の力に助けられたおかげだろう。

「おはよう！」

天鵞絨《ビロード》の苔をまとう蔓にふれたとたん、滴がからかうように降ってくる。とがったヤシの葉にぶら下がる朝露の表面を、くりんっと虹がなわとびした。日本の俳句も医学の始祖パラケルススも、このひと滴に世界がつまっていると言うが、あながち誇張ではない気がしてくる。緑の地獄だった森が、いたずら好きのクラスメイトに感じられるから不思議だ。植物は人間の感情を繊細に感じとり、正確に映しだす鏡かもしれない。しかし人間にもどってしまった僕は、光を食べることはできない。

あーシュラスコが食いてえ。タラポトのワイキキレストランで食べた魚介スープ、パリウエラもいい。大エビ、小エビ、タコ、イカ、カラス貝、赤貝、大魚の骨付き肉、大きなカニにしゃぶりついたときの悦楽。いやいや贅沢は言わない、挽き肉ご飯を葉で巻いたシャルートでも、ライスコロッケのキビでも、チーズ春巻きパステル・ケッソでもいい。そうだ、カロリーメイトでもいいんだ！

リュックにかけた南京錠の鍵が見つからない。気がつくと、僕はカッターでサイドポケットの縫い目をぶちぶち切っていた。おおっ、ついに宝物が出てきた。英語で栄養成分表示をあしらっている黄色いパッケージを、ひたすら愛《め》でる。黒文字のチーズ味が二箱、茶文字のチョコレート味と緑文字のフルーツ味が各一箱ずつ。ふうん、「手軽にエネルギーが補給できますので、朝食、仕事、スポーツ、勉強、」断食など、「すみやかな栄養補給を必要とされている方々に最も適しています。」一箱四百キロカロリーだから、四箱で千六百キロカロリーか、なんと心強い味方だろう。パッケージにほおずりする。

人類が石斧を研ぎ、弓矢を発明し、獲物を狩り、作物を植え、動物を飼い慣らし、パンを焼く。

寸暇を惜しんでトランプに熱中するサンドイッチ伯爵がファーストフードの原型を創りだし、アポロ計画において全栄養素を瞬時にとれる宇宙食が開発され、ダイエットブームの一方、多忙な現代人の地上食カロリーメイトが誕生した。おおげさなんだよおまえ、と自分でつっこみをいれたくなるが、もうふつうの精神状態じゃない。

「おお、カロリー様！　これぞ神の具現せしもの、あなたはモーゼの石板だったんですね」

アーチ状の切れ目に親指をあてると、ためらいがちに穴があいた。穴に鼻をあてて匂いを嗅いだが、密閉パックからはなにも匂ってはこない。上ぶたの内側についた接着剤に灰色の紙がはりつき、神々しい黄金のパッケージがあらわれた。ギザギザの縁が僕の指を誘惑する。匂いだけならいいじゃないか。

「だめだ、それをやったらおしまいだ」

わざわざ声に出して自分をたしなめた。これがあると、今晩のアヤワスカも集中できないだろう。僕はカロリーメイト全四箱を川岸においった。手もとになければだいじょうぶだ。ハンモックに寝そべり、哲学的命題に没頭しよう。「我思うゆえに我在《あ》り、人間は考える葦《あし》だ。神は死んだ。かりに神が存在するにしたところで、大したことではない。武士は食わねど高楊枝《たかようじ》」ランナーを牽制するピッチャーのように、ついついカロリーメイトのほうを盗み見てしまう。いかん、「空想は知識よりも重要だ。地球は青かった。わたしは誰の挑戦でも受ける。腹が減っては戦ができぬ」やっぱ、だめだあっ！

僕は川岸へと走りだし、黄金のパックを破った。チーズの芳ばしさが鼻腔粘膜を直撃し、はしたないくらいの唾液が口内に湧きあがる。口もとに運んだ拳を、意志の力で押しとどめた。あまりの握力にビスケットの粉がこぼれ落ちる。獣じみた雄叫びをあげて、誘惑の塊を川に投げた。つぎつぎに袋を破り、投げ捨てる。ジャポン、こんなもの、ジャポン、こんなもの、ジャポン、ジャポン、ジャポン！　すべてのカロリーメイトが水の底に沈んでいった。息を切らし、消えていく水紋を見つめる。半泣き状態で指をしゃぶり、パックの裏側に残った粉をなめた。泣こうが笑おうが、もう食料はない。これでいいんだ。おかげで迷いが吹っ切れたぞ。やけっぱちな高笑いが密林を震わせた。

アヤワスカを「これは栄養ドリンクだ」といい聞かせて飲み干《ほ》す。

実際アヤワスカを飲みつづけたシャーマンは健康で長生きする。もしかすると幻覚作用と深くかかわるメラトニン・ホルモンと関係があるのかもしれない。一九九四年にピエル・パオリ博士によって発表された「メラトニンの奇跡」は世界中で大きな反響を呼んだ。メラトニンは、老化をおくらせ、ガンや心臓病を予防し、時差ボケを防ぐという。第三の眼が退化して脳の真ん中にひっこんだといわれる松果体《しょうかたい》からメラトニンは分泌される。平均寿命が三十歳かそこらの時代に八十まで生きたブッダは、瞑想中に菩提樹《ぼだいじゅ》の実を噛んでいたと言われる。菩提樹の実が、果実のなかでもっとも多くメラトニンをふくんでいるのも偶然ではないだろう。

そんなことを考えているうち、闇が振動をはじめた。ヴィジョンにはいっていく瞬間ほど、恐ろしいものはない。毎回なにが起こるか予測もできないし、抵抗もできない。空腹と比例して日々ヴィジョンは深まっている。ゲップとともに逆流したアヤワスカが気管にはいり、軽くむせる。

突然あがった悲鳴に体毛が毛羽立った。

木々たちの叫びが鼓膜を連打する。森をふりかえるが、ヴィジョンどころか、視覚さえない。ヴィジョンが見えないのではなく、見えないというヴィジョンを見ているのに気づいた。肺に侵入してくる苦しさは灰煙だ。吹きつける熱風とともに炎上する樹木がかいま見えた。樹木に逃走は許されない。熱痛とともに皮膚は焼けただれ、爪とも言うべき葉先に火がともる。植物には痛点がないなんてウソだ。人間が耳をふさぎ、彼らの悲鳴を聴こうとしないだけだ。欲望の炎はとどまるところを知らず、無言で僕を守ってくれた友人たちを焼き殺す。

死んだ樹木の魂が透明な発光体になって空に昇っていくのがわかった。彼らのあとを追いたいと思った瞬間、枯葉のごとく突風にさらわれていた。慣性がピークを終え下降しはじめるとき、気流に乗って滑空《グライド》した。積乱雲から上層の巻雲を突きぬける。あくまでこれは幻覚だと自分に言い聞かせるが、大気の層はわずか百メートル、酸素ボンベとかなくてだいじょうぶだろうか。竜宮城に着く前に溺れ死んだ浦島太郎のギャグを思いだす。たくあん石でもぶらさげてるような、急激なG（重力）がかかってくる。シャンパンから撃ち出されるコルクのごとく成層圏を突破した。肉眼で見られないほど、太陽がまぶしい。大気の層がないので星は瞬かず、光は闇に吸収され、微塵の反射も見られない。眼前に赤茶けた惑星がせまってきた。どこか無人火星探査機が撮った写真に似ている。酸化鉄におおわれた地面に巨礫《きょれき》がころがり、プリン型の台地《メサ》が入り組む渓《けい》谷《こく》はグランドキャニオンを思わせた。荒れ果てた砂漠の地平線から青白い太陽が昇ってくる。いや、太陽ははるか左手後方にある。これは日の出じゃない……。

地球の出だ！

巨大な闇に浮かびあがる奇跡の惑星、サファイアさえもおよばない青の輝き、胸が軋《きし》みをあげるほど愛しいふるさと。樹木の魂たちが泣いているのがわかった。彼らは作戦会議のすえ、人間に生まれ変わることを採択した。樹木の痛みと地球の危機を伝えるために、新しい世代を生みだしていこうという最後の手段だ。樹木たちはふたたび青い宝石にむかって、つぎつぎに転生していった。

四日目。

夜明け前に起き、悶々と寝返りばかりを打つ。人差し指と中指の先に火ぶくれができていた。フリースにもタバコの焦げあとがある。森の火事はたんなる火傷の影響なのか？　火星から地球を見たのは旺文社学習図鑑の記憶なのか？　たしかに夢では覚えていないだろうし、あんな細部まで鮮明なわけがない。つじつまが合いすぎているようにも思えるし、まったく非現実的にも思えるが、思考能力が麻痺していてなにがなんだかわからない。こんな生活を真剣にやってる僕はやっぱり狂っているのかもしれない。

不思議と空腹感はない。

ただなにをするにもやる気がでなかった。少し熱があるようだ。もうネット帽も軍手もせず、裸足でハンモックに寝る。

幸運にも殺人蚊にはやられてないが、両足首から下の刺しあとを数えただけでも六十ヵ所以上ある。マラリア原虫を運ぶハマダラ蚊は低く小さい音で飛ぶ。まだらの羽をもち、尻を四十五度あげてとまる――ほかの蚊は水平姿勢をとる――のが特徴だ。六本の針をもち、二本は肌を突き刺し、二本は傷を開くのこぎりの役目をはたし、残り二本で血を吸い出す。吸血前に注入する唾液が、かゆみの原因になる。唾液には血液の凝固を防ぐ成分が含まれていて、スムーズに胃のなかまで吸いこむための役割を果たしているという。血なんかいくらでも吸っていいから、かゆいおみやげを残していかないでほしい。

股間までかゆくなってきた。こんなところを蚊に刺されるわけはない。青レモンをナイフで切ってこすりつけるが、痛がゆいやらベトつくやらでパンツを洗うことにした。裏返してみると綿繊維のすきまに赤褐色の点が蠢《うごめ》いた。これが悪名高き赤ダニ《ムクイン》か。親指同士の爪で潰すと、鮮血が弾ける。僕の血だ。アメリカ軍の強力殺虫剤ディートを股間とパンツに塗ったが、かゆみはおさまらない。きのうまでの元気が消え失せ、ひどく惨《みじ》めな気分だ。

寒い。

全身ぐっしょりと汗をかいているのに、悪寒がする。無性にのどが渇く。小屋にもどろうとして、またハンモックから落ちた。治りかけのひじから瘡蓋《かさぶた》が剥げ、ピンクに光沢を放つ内皮がむき出される。断食のせいだか、発熱のせいだかはわからないが、体が思うように動かない。無性に股間をかき、爪のあいだにダニを探すが、泥状になった垢《あか》がたまるばかりだ。ミネラルウォーターをがぶ飲みするとトイレが近くなるのはわかっていても、のどが渇いてしょうがない。残照に体温計をかざすと、三十九度を示していた。カスタネットが頭蓋のなかで響きつづけていたが、それはぶつかりあう自分の歯だった。

アヤワスカを飲んで五分もしないうちに吐いてしまった。幻覚をみる体力さえ失われたようだ。飲むまえに必ずおこなっていたタバコの浄めとアイヌの祈りを忘れていた。今からそれをやり、飲み直す気にはとてもなれない。

がさっと藪が鳴った。

幻聴か？　ネズミにあんな大きな音を立てられるわけはない。重い体を起こしてジャングルを見つめるが、星ひとつない夜が垂れこめるばかりだ。枝が折れる音に竦《すく》みあがった。まちがいない。凶々《まがまが》しい闇の底には怪物がいる。森の魔物か？　かすかに草を踏む音が近づいてくる。寝袋に埋もれていた山刀をひきよせる。生存本能が僕に戦闘態勢をとらせていた。

「なにしてる」

人間の声だ。あわててヘッドランプをつける。旧式のライフルを肩からさげた初老の男が、まぶしげに手をかざした。僕はすがるようにドン・パブロの話を思い出し、タバコを差しだした。

「あ、あなたは精霊ですか」

指先が痺れた。男がタバコごと僕の手をふりはらったんだ。

「なにしてるって聞いてんだよ」

眉間に険しいしわを寄せたまま、男は威嚇《いかく》する。

「シャーマンの修行です」

「ここは猟師の小屋だ。修行だかなんだか知らねえが、外国人の来るところじゃねえ」

白眼を充血させた恐ろしい形相が浮かびあがる。僕の緊張はもう限界にまで達していた。

「出てけ！」

闇のなかで、ライフルに弾丸を装塡《そうてん》する金属音が聴こえた。


五日目。

昨夜の猟師が現実なのか、幻覚なのかさえわからなかった。足あとを探す気力どころか、すべてがどうでもよかった。体が動かなかった。頭のなかには深い霧がかかっていて、小刻みに失神する。水も飲みたかったが、蚊帳から起き出すのは火星へ跳躍するよりも不可能に思われた。もしマラリアなら、発病後三日から四日で死亡する。緑の魔界が下品なよだれを垂れ流している。僕はこのまま森に消化されていく。小動物たちがきれいに肉を食らいつくし、微生物が跡形もなく分解してくれる。外は明るくなっているから、朝か昼なのだろう。いや、それさえも定かではない。僕は生きているのか、死んでいるのか、ここはいったいどこなんだ。

天使？

白い靄《もや》のなかから少年が現れる。いや、翼がないぞ。天使は繭《まゆ》を裂くみたいに蚊帳のファスナーをおろしていく。小さな手が伸びてきた。このまま僕は天国へと導かれるのか。

「僕夢を見たんだ」

カリーニョの息子、アルフレッドだった。

「窓を誰かがノックするんで、開けたら、大きな蛇がいたの。お兄ちゃんを迎えに行きましょうって言ったから、頭にまたがった。ぴゅうぴゅうってお空を飛んだんだよ」

人は誰かに見つけてもらうため、孤独を選ぶのかもしれない。

「いやあ、朝の六時頃にカリーニョから電話があってね。アルフレッドがおまえを迎えに行くってきかないらしいんだ。僕もなんとなく胸騒ぎがしたからね、来てみたらこのざまだ」

視界にジャングルの風景がもどってくる。ふたつの影が逆光に浮かびあがった。パワロと船頭だった。パワロは曇りはじめた空に、蚊帳をたたみ、僕の荷物をまとめだす。

「かえろ」

なんのためらいもなくアルフレッドが手をつないできた。

小さく、柔らかく、温かい手だった。

率直で、無垢で、無償の愛に満ちた手だった。

ほほにパチンコ玉ほどの雨粒が落ちてくる。

同時に、胸のなかでなにかが弾ける音がした。

熱い塊がのどの奥で膨張し、涙小管《るいしょうかん》をこじ開けていく。

なにも我慢することはないよ。なにも恥じることはないよ。なにも恐れることはないんだよ。

かたくなな孤独が溶けていく。

突き上げる感情に空までもが呼応する。
歓喜に満ちたスコール。
友人となった木々たちが祝福の弦楽奏を贈ってくれる。
天使の手に導かれながら、思いっきり泣いた。
アルフレッドと僕は何百年も前からそこに生えていた樹木のように、
乳の雨を全身に浴びた。

セウ・ド・マピア

第一歌　アマゾンの子宮へ

二日間点滴を受けると、スープが飲めるようになった。血液塗沫《とまつ》標本にはマラリア原虫は発見されなかった。血小板がふえていたのは断食のせいだ。診断は「摂食不良と過労による発熱」。常軌を逸した修行に医者もあきれていた。

パワロとカリーニョとアルフレッドが空港に見送りに来た。三十人乗りの小型飛行機に乗りこんだ僕がどの窓から見ているかもわからないのに、アルフレッドがいっしょうけんめい手を振ってくれた。

交易の町リオブランコには、銀行やオフィスビルが立ち並び、大きな市場が迷路状につづいている。さっそくボッカ・ド・アクレ行きのバスが出ているターミナルにむかった。大きな屋根だけがついたターミナルには、バス会社のチケット売場や軽食屋がならんでいる。あわただしく行き交う人々を眺めているだけで、ひどく陽気な気分になる。控えめなペルー人と比べ、ブラジル人の開放的なこと。ファッションの基本はズバリ、肉自慢。はちきれんばかりのスリムパンツに背中が網ひもになったヘソ出しシャツ、まさに歩くチャーシューだ。インディオ、ポルトガル、ドイツ、黒人、おまけに日系人まで混じりに混じった美人大国《ボニータ》だ。このアマゾネスたちを目の当たりにすると、はやく国境なんかなくなっちまえばいいと実感するが、この国では人種問題を語るより口説き文句をかけたほうがいいらしい。

「いよっ、ねえちゃん、ミルク運ぶの手伝おうか」

子犬をつれた男が口笛を吹いてひやかす。娘たちのケツに磁石でもついてるかのようにギラついた眼球が吸いつけられる。そのしぐさにふきだした僕を見つけ、男はとなりに座ってくる。ぷーんと発酵したワキガが鼻腔を刺す。

「ちくしょう、目をそらせっていうほうがむりだぜ、なっ、兄ちゃん。タバコもってるか」

男は勃起してきつくなった金玉の位置を正す。僕はブラジル産の巻きタバコ、トレヴォを差し出した。

「なんだよ、こりゃあゴム採取人が蚊よけに使う安タバコだぜ。こんなアマゾンくんだりまで来て、どこ行くんだ」

白人とインディオが混血すると、アラブ人みたいな濃い顔立ちになる。盛りあがった口ひげ、真っ青にテカるひげそりあとのあご、裸の上半身には黒と金髪の胸毛がヘソの下までつづいている。

「マピアの空《セウ・ド・マピア》だよ」

「はっはっは、今年は外国人がやけに多いな。クリスマスはぎりぎりで無理だが、大晦日にはまにあうだろう。おれはジョゼ。マピアの手前に住んでいるんだ」

男はゴム製のずだ袋からとりだした革製品を待合室の椅子に並べた。なんだ物売りかと思いきや、すごいグッズが出てきた。サント・ダイミー教会の二十字架や星のマークがスタンプされた小物入れは、百パーセント天然ゴムでつくられているという。焦げ茶色の風合いは革そっくりだが、煙で燻《いぶ》された芳ばしい香りがする。

「君も教会員なのかい？」

「ああ、もう十年以上になるよ。マピアまで連れてってやるから安心しな」

これも何かの縁だと、彼のゴムグッズを五つほど買いこんだ。

「毎年子どもたちのクリスマス・プレゼントを買うのに町まで来るんだ。なにしろ十一人分だからな」

ずだ袋にはリボンのかけられた箱がたくさんつまってる。ジョゼは首を突っ込もうとする子犬をしかりつけた。犬は肩胛骨《けんこうこつ》から左のわき腹にかけてベージュと白の体毛がまだらにぬけ落ち、乾燥した皮膚をうしろ足でかきむしっている。

「こいつはリオブランコの公園に捨てられてたんだ。ほかの二匹の兄弟はすぐに拾われていったけど、この皮膚病じゃなあ。三日まっても誰も拾わないんで、おれが連れてきた。どうも子どもを見ると放っておけないんだ。メスだったんで、ダイアナって名づけた」

僕の鼻をなめたプリンセス・ダイアナは、洗ってない靴下の臭いがした。

六時間におよぶバス旅行のあいだジョゼは大きなイビキをかいて熟睡していた。段ボールに入れられたダイアナもおとなしい。密林に切り開かれた道路は舗装されてなく、赤土のほこりがバスを追いかける。両側には、黒こげになった森と牛のいない牧場がよこたわっていた。

緑の肌に切りつけられた一本の傷。道路は破傷風に似ている。人間という病原菌の温床となり、まわりの細胞を壊死《えし》させていく。アマゾン開発を進めたかった政府は大土地所有者を税的に優遇した。牧場主は土地を収奪するために、家畜のいないない牧場を広めていった。ハンバーグ・コネクションと呼ばれるアメリカのファーストフード業界へ安い牛肉を提供していた牧場も、今はペットフードの輸出に切り替わっている。「インディオの肉」は裕福なペットたちの胃袋におさまっているんだ。僕が飼っている二匹の猫が食べる缶詰も森の命と引き替えなのかもしれない。

一見肥沃に見える熱帯雨林の土壌はたった十センチの腐葉土のうえに成り立っている繊細な循環系だ。長年インディオは樹木の再生周期にあわせ小規模な焼き畑をおこなってきた。ところがなにも知らない農業移民は、やみくもに森を焼き払う。三、四年で牧草は育たなくなり、別の森を焼かなければならない。スティーヴン・ホーキングは、このままでいくと千年以内に地球が滅ぶと予言したが、誰もが世界を滅亡させようなんて思ってないのに、気がつくとみんながチェーンソーの一部になってしまっている。この悪循環から逃れるすべはないのだろうか。

バスが到着したボッカ・ド・アクレという最果ての町から、マピアまでボートで二日かかる。ダイミー教会へ行く連中はみんなホテル・フローレスタを拠点にしていた。スペイン語やポルトガル語でジャングルは「セルヴァ」というが、彼らは愛情をこめて「花園《フローレスタ》」と呼んでいる。サーモンピンクに塗られた三階建てのホテルには町の少年たちが荷物運びや靴みがきに集まり、祭にむかう連中でごったがえしていた。僕たちふたりと一匹は、七百五十円の部屋にチェックインした。

「川むこうに遊びに行こう」ジョゼが言う。

ボートを借りて対岸に降りる。小さな家が建ち並ぶうしろはもうジャングルだ。娼婦の館にでも行くのかと思ったら、町工場みたいな建物にはいっていった。

「ここはダイミー教会がやっている石鹸工場だ。コパイバの油を混ぜた天然石鹸は肌をきれいにするし、アトピーにも効く。石鹸をすりこんで十五分ほどおいてから体を洗えば、赤ダニ《ムクイン》もよってこないしな。ダイミー教会は国から貸し与えられた国有林を保護しながら、樹液やナッツを採取して森の恵みを製品化するプロジェクトを進めているんだ」

裏手の森にはゴムの木があった。一センチ幅の溝が何十周も樹皮を走り、下にとりつけられたブリキ缶に白い樹液がたまっていた。ジョゼが得意げに説明してくれる。これを土で造った窯でいぶし、木型に塗るという。薫製室には靴型やバッグ型に塗られた製品がぶら下がっていた。黒いゴム製品が何十個も並んでいる姿は、現代アートさながらの風景だった。

ゴム採取人をセリンゲイロという。十九世紀の後半から二十世紀初頭のブラジルは空前のゴムブームを迎える。アメリカで自動車が広まっていったからだ。白人の征服者たちはじゃまなインディオを追い払うために、麻疹《はしか》にかかった病人の毛布や衣類をプレゼントした。サリンよりも恐ろしい生物兵器だ。五百万人いたといわれるインディオの九十八パーセントが絶滅してしまった。

北東ブラジルから貧しい農民がアマゾンへと送りこまれ、最盛期には百十万人ものセリンゲイロが、インディオしか住まなかった密林に入植した。彼らは雇い主の債務奴隷と化し、子どもたちの教育さえ禁止されていた。文字が読めて、計算ができてしまうと、自分たちがどれだけ搾取されているかわかってしまうからだ。

現代の合成ゴムが開発されるまえに、ゴム景気は終わる。イギリス人に盗み出されたゴムの種がセイロンやマレー半島に移植されたためだ。

「うちも代々この家系でね。六歳の頃からおやじを手伝ったよ。夜明け前から夕方までずっと森で働いたんだ。十五歳の長男をかしらに兄弟七人でね。セリンゲイロはどいつも子だくさんだ。なにしろ自分のチンポにゴムを塗るのを忘れてるからな、あっはっは」

スケベで大食いでよく眠るジョゼは、あけっぴろげな魅力を持っている。

「でも手作りのゴム製品だけで十一人も養うのは大変だろう？」

「ああ、今じゃ森がどんどん減っていく。セリンゲイロの子どもたちは都会へ出てストリートチルドレンになるか、もしくは……」

ジョゼの背中が急に固まった。頑丈な肩胛骨がわずかに震えている。

「おれは知らなかったんだ。子どもをリオの工場で面倒を見てくれるという紳士が現れた。まだ二十歳ちょっとで四人の子どもを抱えていたおれたち夫婦は、いちばん上の子をわずか、五十レアル（約三千円）の支度金と引き替えに預けちまった。あとからそいつが臓器ブローカーだったことを知った。あの子はごっそりとはらわたをぬかれ、骨ごと粉砕器にかけられ、ピラニアの餌になっちまったんだ！」

ジョゼは思いきり平手を打ちつけた。二十メートルもある大木が戦慄《わなな》き、小虫を降らせる。単純で剛胆とも思える男にも繊細な痛みが隠されている。

「おれはブローカーを捜して三ヵ月もアマゾンをうろつき回ったがむだだった。川に水銀を垂れ流す砂金採りにおちぶれたこともある。留置所でダイミー教会のうわさを聞いてマピアに来たんだ」

ジョゼは皮膚病の子犬を抱きあげ、愛惜《いとお》しそうになでる。

「アヤワスカが助けてくれた。飲むたびに息子が降りてきて、こう言うんだ。僕が死んだのはパパを悲しませるためや復讐させるためじゃない。パパに強くなってもらうためなんだってね」

早世していく命はなんらかのメッセージを届けるため、短い生涯を終えるのか？　命の不平等さとは、僕たちが痛みをとおして学ぶための試練なのか？　その答えは僕自身でアヤワスカに訊いてみるしかない。


翌朝は快晴だった。

ヤンマーのエンジンがついたカヌーをチャーターして僕たちは出発した。川幅が三百メートルもあるプルス川をくだり、わずか十メートル幅の支流《イガラペ》へと分け入っていく。僕も上半身裸になり、悠々と日光浴をする。両側に屹立《きつりつ》する植物相の壁がエンジン音に震え、川面へとなだれ落ちる。それはあくまで水に映った鏡像なのはわかっていても、水上の風景と見分けがつかなくなる。もしかするとカヌーは逆さに空を飛行していて、このまま川に飛び込めば空に落ちていくんじゃないか。流木と見まがうメガネカイマンを見つけて我にかえる。

「ワニだ！」

ジョゼはそれがどうしたという顔で黒タバコをふかしている。この緑の壁が、プロペラ機から見た密林大陸の一部だと思うと気が遠くなる。決して飛行機からじゃ、このカヌーは見えないだろうな。途方もない植物王国《ヴェジタブル・キングダム》のど真ん中に、自分は今迷いこんでいる。リョクシンボクの巨大樹が上空に黄色い花をいっぱいにつけ、ブーゲンビリアの紅、ブロメリアの朱、蘭の紫、朝顔の純白が深緑の背景から噴きだしてくる。倒れた木々の下をくぐり、枝のすき間にすべりこみながらカヌーは森に吸いこまれていく。

「スコールが来るぞ」

ジョゼといっしょに自分の荷物や船頭が運ぶ交易品——ラランジャと呼ばれる青ミカンと巨大アボガド、マンゴーなんか舳先にうっちゃったままなのに、カセットレコーダーは何重ものビニール袋におおわれている——に黄色いビニールシートをかぶせた。アーミーグリーンのポンチョを雨粒がたたきつける。素肌のうえにはおっただけなので、痛いくらいだ。ジョゼは黒いゴミ袋を頭からかぶって目鼻だけをあけた。オバケのQ太郎を黒人にしたみたいだ。さっきまで日光浴をしていた身体が凍え、遊覧船気分はとっくに消え失せる。こうしてココナッツの椀で雨水を掻きだしていると、長い間旅してきた飛行機や汽車やバスが遠い未来の乗り物に感じられる。森からにじみだした色素が、毛穴をこじ開け、僕を緑に染めあげていった。

「あれがおれのガキンチョたちだ」

エンジンの音を聞きつけ、ふたりの娘と、ひとりの息子が岸辺に走りよってくる。

「ここからマピアは一時間もかからねえから、今夜はうちに泊まれや。いっしょにクリスマスを祝おう」

川沿いにぽつり、ヤシの葉で屋根をふいた高床式のバラックが建っている。残りの子どもたちもいっせいにあらわれる。年長の息子たちが荷物を運び、カヌーにたまった水をくみ出してくれる。十一人全部を紹介してもらったが、おぼえられるわけはない。奥さんのロサマリアは十三歳から三十八歳の今まで、十二人の子どもを生みつづけたという。奥さんにはないしょだが、ジョゼにはほかの女に二人の子どもがいる。人口増加が貧困を生むといわれるアマゾンは、ブラジルでもっとも貧しい地域に属する。一見豊かに見える日本社会は子孫を残しにくいうえに、幼児虐待、少年犯罪、少女買春と、さまざまな問題を抱えている。ダイアナを争ってかけずりまわる子どもたちの生き生きした表情を見ていると、経済尺度で幸せは測れないことを実感する。夫婦のベッドの枕元にはプリンセス・ダイアナのピンナップがはられていた。

「あれを盗み見ながら、かあちゃんとするんだよ」

ジョゼが小声で打ち明けた。これだけ子どもを産んだせいか十歳は老けて見えるロサマリアは、十三人目の子どもを身ごもっている。平均寿命の短いアマゾンで、三十八歳はかなりの高齢出産だろう。ひたいのしわに運河のごとく滲《にじ》みだす汗と手足のむくみが心配だ。

ジョゼの家

「うまくいけば、二〇〇〇年の一月一日に生まれるかもしれねえぜ」

魚といっしょに炊きこんだご飯をでっかいしゃもじでかき混ぜ、ファリーニャというユカ芋を炒《い》った粉をぶっかける。大鍋をみんなで囲んで、手づかみで食べる。こりゃあもう戦争だ。僕も負けじと手を突っ込み、サバイバルゲームに参加した。聞き覚えのある讃美歌を子どもたちが合唱してくれた。日本でシャーマンが歌ったダイミー教会の歌だ。ガタボコ道を運ばれてきたケーキはべとべとになっていたが、子どもたちは箱についたクリームまでなめつくす。子どもたちがならんで目をつぶらされ、プレゼントが配られた。

「フェリシュ・ナタル《メリー・クリスマス》！」

ジョゼがならすクラッカーの合図でいっせいに箱が開けられる。缶入りドロップ、色鉛筆、ぬり絵、十センチほどの悟空の人形など、日本の子どもなら鼻も引っかけない物ばかりだ。それを飛び上がって喜び、ジョゼにキスを浴びせる子どもたちを見ていると、涙が出そうになる。アヤワスカを飲まなくてもこんな幸せな気持ちになれる。

人の笑顔は麻薬だ。

第二歌　地上最後の楽園

「ここがサント・ダイミー教会の総本山、セウ・ド・マピアだ」

カヌーはなんの変哲もない赤土の川べりに着岸した。長い長い旅路の果てに、地上最後の楽園にたどりついたんだ。ジョゼは「サン・ミゲルの儀式で会おう」と家に引きかえしていった。

ジャングルのど真ん中に開かれた小さな集落には、コンクリートやアスファルトはない。ぽつりぽつりと点在する木造住宅のまえを裸の子どもたちが走りまわり、カラフルな洗濯物が微風にくすぐられている。むこう側から歩いてくる人影には見おぼえがある。突きだした頑丈なあご、太い鼻梁《びりょう》、彫り深く母性的な瞳、そう日本で初めてアヤワスカを飲んだときのシャーマン、ボスコだ！

「絶対来ると思っていたよ」

力強い抱擁だった。森に抱きとめられる、そんな気がした。たんなる偶然なのだろうか、まるで僕の着く時間を知って迎えに出てきたようにも思える。

「ちょうどいいときに来たな、今日は客人たちがバナナ狩りにでてるんで、ゆっくり朝食が食える」

家に招かれる。ボスコは、僕がここに来るまでの苦労話に笑いころげた。

「ピザができたわよ」

やはり白人との混血らしい奥さんが焼いてくれた野菜ピザには、チーズのかわりにファリーニャがかけてある。発酵性の高タンパク質は、アヤワスカに合わないのだろう。

「魚はともかく、ここでは肉が手にはいりにくいんで、自然にヴェジタリアンになってしまうんだ」

「僕がタイのヴェジタリアン・フェスティバルっていうのに参加したとき、君にはヴェジタリアン・キングが憑《つ》いているって言われましたよ」

「はっはっは、森の王様が憑いてるなんてすごいじゃないか。妻の従兄《いとこ》で森の英雄と呼ばれる男がいたがな。シコ・メンデスって知ってるか」

「どこかで聞いた気もするけど、いたって過去形なのは、もういないってことですか」

ニコニコと僕たちの話を聞いていた奥さんが、ため息まじりにつぶやいた。

「殺されたの」

どうして？　誰に？　僕はすぐにでも訊きたかったが、奥さんが重い口を開くのを待った。

「シコとは子どものころから兄弟のように遊んだわ。正義感の強いシコはいつもわたしをいじめっ子たちからかばってくれた。シャプリ市の西にある森で貧しいゴム採取者《セリンゲイロ》の子どもとして育ったわたしたちは、学校教育なんて受けられなかったの。そのかわり森からたくさんの知恵を学んだわ。森はわたしたちの仕事場であり、学校であり、食堂であり、病院であり、生活のすべてだったの。でも大地主たちは牧畜のためと称してどんどん森を焼き払っていく」

ボスコはカリカリの生地《きじ》にはさんだブロッコリーを咀嚼《そしゃく》する。

「日本では、人ひとりの命はいくらだい？」

質問の意味を計りかねた。

「さあ、墜落事故とか医療ミスだと百万ドル（約一億三千万円）くらいすかねえ」

「アマゾンでは三ドル（三百円）で殺し屋《ピストレイロ》が雇える」ボスコがため息をついた。「いまだに西部劇みたいな無法地帯さ。砂金や土地を狙う大地主たちはインディオの子どもをゲームハンティングで撃ち殺したり、インディオが住んでいるのを知りながら枯葉剤《トルデン》を撒いたりしたんだ」

奥さんが椅子にへたりこみ、細長い指を三角に組み合わせる。

「セリンゲイロも昔はひどかったわ。逃亡者が捕まると、燃えやすいゴムでぐるぐる巻きにされ、灯油をかけられ、見せしめのために火あぶりになったの。シコは文字をおぼえ、独学で勉強したわ。命がけで森を守ろうと立ちあがったの。組合をつくり、世界中に森林の保護を訴えていったのよ。このころから牧場主が差しむけた暗殺者《ビストレイロ》が旅先にまで現れるようになった。一九七七年の組合結成から十人もの仲間が殺されているし、シコの暗殺未遂も六回におよんでいたの。環境保護に尽くしたことによって一九八七年に国連から送られたグローバル平和賞がかえってあだになったわ」

あっ、ドン・パブロが受けたのも同じ賞だ。

「その日もふたりの護衛がついていたにもかかわらず、キッチンの外にある階段でズドンよ。シコは右肩と胸に六十発の散弾を受け血の海に倒れたの」

環境保護。

なんて傲慢な、うすっぺらい、言葉だろう。

僕たちが割り箸反対うんぬんを論じているとき、自らの命と引き替えに血を流す者がいる。同じ言葉を使っても、彼らの「環境保護」は死の崖っぷちから発せられていた。

「ごめんなさいね、到着早々こんな暗い話を聞かせちゃって」

奥さんはナプキンで勢いよく鼻をかむと、クラヴィオーラという白い果実のジュースをついでくれる。

「まずはビジター登録と部屋さがしをしないとな。よし、案内しよう」ボスコが席を立った。

木々が建ち並ぶ小道を通っていくと緑の広場にでる。二階建ての事務所のまえに車椅子に乗った老人がいた。オールバックの白髪にやせこけたほほ、くぼんだ眼窩《がんか》の奥から黄色がかった白目をしばたたせている。

「なにかお手伝いしましょうか」

ボスコがポルトガル語と英語で話しかけたが、老人はそっぽをむいたままだった。明らかにヨーロッパ然とした老紳士なのだが、人をよせつけない不遜《ふそん》さと、憔悴《しょうすい》したあきらめを漂わせていた。二階のオフィスで、金髪のオランダ人男性が登録をしている。気さくで人なつこい態度はともかく、顔立ちが老人と似ているので訊いてみると、やはり親子だった。息子の名はデズモンド、頑固《がんこ》おやじの跡を継いで歯科医をやっていると言う。

「おやじは伝統的なユダヤ教でね。十字架からクリスマス、イエスまで毛嫌いしてるんだけど、ダイミー教会の星のマークがユダヤ教といっしょなのをいいことに説得したんだ」

僕は、とりあえず二週間分の滞在費を払った。一週間百ドル、二週間百五十ドル、三週間二百ドル、一ヶ月二百五十ドル、長期滞在者になるほど安くなる。これで教会員と同じ儀式に参加でき、アヤワスカを飲める。ここでは約五百人の村人が自給自足しながら、素朴な信仰生活を送っている。祭は六月と十二月におこなわれるが、今回はミレニアムとあって五百人もの外国人が訪れるという。

「日本人も二十人ほど来てるよ。スーツケースできちゃったカップルまでいるけどな」

ええっ、こんな地の果てまでのこのこやってきた日本人は僕だけじゃなかったのか。ともかく千人もでアヤワスカを飲みながらカウントダウンするなんて、考えただけでもゾクゾクする。

泊まるところは事務所が世話してくれるが、一泊七百五十円ほどの小さなホテルもできたばかりだ。基本的に自分の食料は自分で持ってこなければならないが、広場には小さな食堂があり、お金ではなく、ペンキ塗りや掃除、芝刈りや土木作業などボランティアによって食事が支給されるそうだ。二軒ある売店では日用雑貨から、野菜、果物、清涼飲料水、フルーツジュースなども売っている。

「部屋のことは心配するな、友達のダニエルに相談してみよう」

広場に程近い平屋の建物には、子どもたちから大人までたくさんの人が集まっていた。銀縁メガネに口ひげを生やしたダニエルが快く迎えてくれる。四十三歳の彼はアルゼンチン出身の医師で、十七年間アマゾンで貧しい人たちを無料で治療してきたという。孤児や障害児など、七人もの子どもたちを養子として面倒を見ている。なにしろこの家ではスペイン語が通じるのがありがたい。

「君はラッキーだよ。クリスマス前に来るはずだった親戚が二、三週間おくれるって連絡があったんだ。もと診療所だった家にひと部屋あいているから、そこを使いなさい」

こんなに温かく受け入れてもらえるなんて思ってもみなかった。つくづく僕の旅は人々のホスピタリティーに支えられていると実感する。なにもお礼をすることができないので、日本からもってきたデジタル体温計をプレゼントした。

電気も水道もガスもないが、ここでの暮らしは快適だ。ダニエルの家には水道があるので、三リットルタンクでまとめてもらってくる。朝は村に一軒だけあるパン屋で焼き立てのバゲットを買い、キャンプ用コンロで野菜スープをつくる。服を着たまま川に飛びこみ、洗濯しながら、ひと風呂浴びる。このへんはピラニアは少なく、傷を負ってない人間を襲うことはまずない。必ずスコールが来るので、洗濯物は放っておく。乾いたときに取りこめばいい。ジャングルの散歩も病みつきになる。野性のマンジョーカ芋などを見つけては、めし用に持ち帰る。フライドポテトにすると、むっちゃイケる。もちろんボランティアもする。草刈りや盛り土の階段を造ったりした。

ボスコの勧めで、アヤワスカ造《フェイチオ》りに参加することにした。

教会の右手を森へくだったところに、ブリキ屋根の小屋がある。もう十人ほどの男たちが集まっていた。いつもはジャングルへ採取に行くのだが、二〇〇〇年をむかえる今回は、小屋のすぐ近くに残しておいた特別のアヤワスカをとることになった。さすがに野性のアヤワスカは大きい。根本が直径二十センチ以上もある蔓が、十五メートルくらいの木を螺旋状にのぼり、つぎつぎとほかの木をつたい、小川のむこうまで届いている。身軽な青年が山刀を口にくわえ、裸足で木をよじ登っていく。頂上で蔓を切り、からまりをほどいていく。根本を切り、根っこも丁寧に掘り出す。あとは全員で綱引きだ。アヤワスカの表皮は荒くざらついているので、なかなか降りてきてはくれない。

「力だけじゃなく、祈りながら引くんだ」

男たちが満身の力と祈りをこめて引く、引く、引く。大きく枝をざざめかせながら、十メートルもの蔓が落ちてきた。今度は小川のほうから残った蔓を引き、二時間もかけて一本のアヤワスカを地に降ろした。青年が山刀で蔓を一メートルほどに切り、僕に手渡してくれる。見よう見まねで切り口を口にあて、蔓を垂直に立てると、鮮烈な水がほとばしった。うまい。幻覚作用のない透明な味だ。蔓の切り口を見ると、茶色い外皮から一センチほど内側に肌色の芯が花びら模様に描かれていた。

フェイチオは夜中の三時からはじまった。

「アヤワスカ造りはもっともつらい作業だ。しかしこの作業なしには誰もアヤワスカを飲むことはできない。精霊は蔓のなかからぬけだし、人々の心にメッセージを届けるため、君たちを必要とする。いわば、君たちが神を造るのだ」

リーダーの指示に従って、作業前に全員がアヤワスカを飲む。切り株でできた十二のたたき台を前に、八人が木製のベンチに座った。たたき棒は直径十センチ、長さ十五センチの丸太に把手《とって》がついている。三十センチほどに切りそろえられた蔓をたたきほぐしていく。強力なトランス状態で単純な作業はつづく。ランナーズハイというか、一定のリズムをきざみつづける労働によって、不思議な瞑想が訪れる。手の平のマメがずり剝《む》けリンパ液でたたき棒がすべるが、ほとんど

アヤワスカの
蔓を引く

痛みが気にならない。

とっくに夜は明け、昼を過ぎ、夕方六時に終わった。十五時間ほとんど休みなしの苦行が、一週間から二週間もつづくというんだ。初日で三人の外国人が脱落した。僕は手の平じゅうにバンドエイドをはり、軍手をはめて二日目にのぞんだ。三日目が終わり、僕の軍手がピンクに染まっているのを見て中止命令が出た。まだやれそうな気持ちはあったが、正直いってほっとした。自分でアヤワスカをつくってはじめて、本当のありがたさがわかった。

男たちがほぐした蔓と女たちが摘んできたチャクルーナを五つの大鍋につめ、五百から八百リットルの水で一週間から二週間煮つめる。ブラジルではアヤワスカの蔓をジャグービ、いっしょに煮るチャクルーナの葉をライーニャと呼ぶ。もう一度説明しておこう。

アヤワスカ＝ダイミー（できあがった魔法の飲み物）。

アヤワスカ（ペルー）＝ジャグービ（ブラジル）＝Banisteriopsis caapi（植物名）＝ハルミンとハルマリン（有効成分）。これは原料となる蔓の名称だ。

チャクルーナ（ペルー）＝ライーニャ（ブラジル）＝Psychotria viridis（植物名）＝N・N・ジメチル・トリプタミン（DMT）とジメチル・トリプタミン（有効成分）。これは一緒に煮る灌木の名称だ。

アヤワスカとチャクルーナは、単体では幻覚作用をもたらさない。アマゾンの王アヤワスカと女王チャクルーナが結婚してはじめて、アヤワスカが生まれるという。ふたつが結合することによりセロトニンを分解する酵素の働きを阻害することができる。セロトニンがふえると、視床にある情報検閲装置がゆるみ、膨大な情報がいっせいに前頭葉に送りこまれる。アヤワスカ、LSD、メスカリン、マジックマッシュルームなどの幻覚剤を飲んだ者、トランス状態のシャーマン、幻覚や幻聴に襲われる分裂病患者、創作に没頭するアーティスト、断食する僧など、すべてに共通する脳のメカニズムはセロトニンだ。セロトニンは老化を抑えるメラトニンの前駆《ぜんく》物質でもある。

アメリカの製薬会社がアヤワスカの特許を独占したいがために、教団やシャーマンに対してバッシングをはじめたという話を聞いた。シャーマンがアヤワスカを使ってあらゆる病気を治してきたように、この魔法の液体は肉体と精神を超えてくる。生物が本来備えている自己治癒システムを活性化させ、精神を存在の根元にたちもどらせてくれる。しかし熟練したシャーマンの導きと自然——その背後にある神聖な力——を敬う心がなければ、単なるドラッグに落ちぶれてしまうだろう。

第三歌　神々のドラッグ

いよいよ今夜は「サン・ミゲル」と呼ばれるヒーリング・セッションがある。

スペイン語とポルトガル語でいうサン・ミゲルこと大天使ミカエルは「もっとも偉大なる者」と崇められている。世界が真の難局に直面したとき、ミカエルがまたあらわれるという。サタンとモーゼが論争したとき、サタンである古き蛇をつかまえ、千年ものあいだ繋《つな》ぎとめた。イスラム教ではミカエルを「エメラルド色の翼をもち、サフラン色の髪におおわれ、その一本一本に百万の顔と口、おびただしい舌があり、その舌で百万の方言をあやつり、アラーの許しを求める」者という。ユダヤ教では最後の審判者だし、エジプトでは魂を量るアヌビス、天狼星シリウスとも同一視された。ヨーロッパに数ある「ミカエルの丘」と呼ばれる聖地は死者の塚であり、マーキュリーやエルメスと同じ死者の導き手だ。キリスト教がインディオの宗教を呑みこんだのではない、アヤワスカがミカエル＝サン・ミゲルの衣装をまとったのだ。

午後六時、サン・ミゲルの儀式がはじまる。

男たちは真っ白いスーツに星のバッジをつけ、紺のネクタイをしめる。女たちは銀の冠をつけ、白いブラウスとロングスカートに緑のショートスカートを巻く。電器屋の見た白い服の男たちを思い出して、ゾッとした。あれからずっと、なぜ白い服なのかを疑問に思っていたが、白という色は偶然じゃなかったんだ。

みんな懐中電灯で足もとを照らし、小高い丘にある教会へむかう。オランダ人親子が車椅子を降ろすのに四苦八苦している。老人は文句をわめき散らす。ここでは舗装された道などない。下り坂のまえにまわりこんで、ブレーキの役目をしてあげた。池の縁をすぎると、今度は上り坂だ。幸い僕はヘッドランプ式のライトなので両手を使える。恐縮する息子に車椅子をもたせ、老人をおんぶしてあげる。やせこけた体は妙に軽かった。

「こんな奥地まで来るのはたいへんだったでしょう」

「ふん、カルト教団にはいった息子に、むりやり誘拐されたようなもんじゃ」

強い北欧なまりの英語で老人が答えた。

「アヤワスカは宗教を超えてますよ。カトリック、プロテスタント、イスラム、仏教、ヒンドゥーと、いろんな人たちが来ていますしね」

「どうせアヤワスカなんぞ、虫歯の痛み止めにもならんじゃろ」

教会は上から見ると六角形の形になっているというが、木の柱にブリキ屋根の質素な建物だ。門をはいると「キ」の字形の二十字架《ダブルクロス》が立ち、階段を上りきった入り口にキリスト誕生の場面を粘土人形で再現した可愛らしい箱庭があった。入り口で署名をし、老人を車椅子にもどし、なかへ入る。かなりの人数を収容できる内部の中央には、星型のテーブルがある。ジャングルの花が生けられ、教会の創始者イリネウと後継者セバスチャン神父の写真が飾られている。ジャングルの花で飾り付けられた真ん中の柱が、世界の中心である宇宙樹の象徴だろう。それを囲むように、木のベンチがならべられていた。参加者は男女にわかれ、秩序正しく座っていく。老人は壁際に車椅子をとめ、息子がとなりの椅子にかけたが、まだ言い争いをしているようだ。

それぞれのポジションが整うと男女がわかれ、アヤワスカを飲みにいく。ビヤホールにある圧力式のサーバーで、生ビールのジョッキほどもあるコップにアヤワスカをそそいでくれる。自分の番がまわってきてバーテンダーならぬ、アヤワスカ・テンダーを見ると、ジョゼだった。ジョゼは僕の顔を見たとたん、ニヤッと笑ってコップにあふれそうなほどのアヤワスカをついだ。なんべんも言うが、このまずいアヤワスカを飲むのは本当につらい。そして恐ろしい。僕はありったけの勇気をふりしぼって、一息で飲み干した。

三十分もたたないうちに獰猛《どうもう》なトランスが襲いかかってきた。ニューヨーク時代にやったLSDやペルーのシャーマンたちが使うアヤワスカなど足もとにもおよばない、生涯で経験したこともない強烈さだ。瞳孔は拡大したまま視覚が失われ、三半規管を竜巻が攪乱する。胃袋が膨張し、取り返しのつかないものを呑みこんでしまったという恐怖が全身を戦慄させる。一見何事もないような人々の背中は、微妙に震え、必死でトランスに耐えている。まぶたの力をぬいた瞬間に風景がスーラの点描画のごとく霧散して、異界へと引きずりこまれる。

なんだろう?

赤いものが光っている。

呼吸するように点滅し、はっきり像をむすんでくる。

広大な暗黒のなかに浮かぶ赤色巨星。末期の核融合反応によってますます膨張し、猛烈な重力が臨界点に近づいていく。熱線が僕の眼球を炙《あぶ》り、太陽熱がほほをなめ、轟音の耳鳴りが高まっていく。ふわっと火の玉が膨らんだと思うと、すさまじい爆発風が追いかけてくる。五感が遮断され、すべての存在が始源へと還元される。あらゆるものが創造される以前の世界、そこは、ただ、ただ、ただ、光に満ちあふれていた。もはや恐怖はない。いや、それどころか至福を超えた無、豊饒なる空《くう》の喜びが沸きたつ。ふと見上げた空に原始星が誕生していた。

「風《レラ》!」

そう直感した。粉々に飛び散った赤色巨星は、受精卵だったんだ。天空から光の粒子が舞い降りる。早世した悲しみなど微塵《みじん》もなく、慈愛の光輝で僕を抱擁する。そうか、おまえはこの歓喜を教えるためにこの世を去り、裏側の世界から僕を導いてくれたのか。

僕をつつんでいた光が縄状にゆるみ、黄金の蛇となる。長い呪縛が、世界の秘密がほどかれていく。

「お、おまえなのか、アヤワスカの精霊は」

ずっと僕に憑きまとい、アマゾンまで誘拐してくれたアヤちゃんが姿を現したのだ。視覚ではなく知覚でものを観《み》ている自分に戸惑う。軟体動物が色素細胞の配列によって意思を伝えるように、話しかけてくる。

「ようこそ、もうひとつの現実へ」

黄金の蛇がぬくっと鎌首をもたげ、螺旋を描いて立ちあがる。

蛇と天使が和解する瞬間を目撃した。

まばゆい光が膨らみをまし、二十字架から有翼人の輪郭が浮かびあがった。「キ」の形は両腕と翼を広げた天使だったのか。両腕のない画家フェリックスにもらった天使の人形をポケットのうえからぎゅっと握りしめる。

大天使ミカエルが眼前に出現した。

「わたしはあらゆるものの名をもつ」

とたん、ミカエルの影が日本で待つ恋人になり、すっと老けこんだかと思うと死んだ母になる。瞬時に若返りサグラとなったと思えば、鼻がとがりコンドルを思わせるユパンキとなる。不屈の意志を秘めたフェリックスがチンパンジーの笑顔ドン・パブロになったかと思うと、星の子アルフレッドに遡行《そこう》する。いや、こんなふうに直線時間じゃない。この旅で出会ったたくさんのシャーマン、生涯で出会った無数の友人たちの顔がランダムにフラッシュバックする。アイヌ民族は死んだ家族や友人が精霊《カムイ》となって守ってくれるというが、出会いも一瞬一瞬ごとに生と死をくりかえしている。

消える、消える、消える、消える、すべての境界が。

消える、消える、消える、「もうひとつの現実」と「今ここにある世界」とをへだてる壁が。

死んでいった者も、生きている者も、みんな僕を守ってくれているという確信が降ってくる。

すると、自分を取り巻く世界すべてに対して、強烈な感謝の念につつまれる。

天使の笑顔が耳もとまで裂けていき、黄金の蛇が笑った。

午後〇時に終わるはずだったサン・ミゲルの儀式は、深夜二時におひらきとなった。八時間にもおよぶセッションのあいだ、僕はジョッキ三杯分のアヤワスカを飲み、ジョゼはサーバーの仕事をしながら、十二杯も飲んだと言うから驚きだ。ふと壁際を見ると、放心した老人が息子の手を握りしめている。

「帰りも手伝いますよ」

僕の声に我にかえった老人は、まわりもはばからず甲高い声を上げて泣き崩れた。

「許してくれ、許してくれよおう。わしは人生をむだにしすぎたようじゃ。七十年もかかってひとつのことに気づいた……おまえを愛しているとな。それからあんたにも、ここにいるみんなにも、星にも、ジャングルにも、蚊にだって、礼を言いたい気分じゃ」

息子は父親の痙攣《けいれん》する背中をこすりながら、僕に小さく耳打ちした。

「パパはあと三ヶ月の命って告知されたんだ。末期の膵臓《すいぞう》ガンさ。ターミナルケア（終末期医療）から強引にかっさらってきたかいがあったよ」


「LSDの百倍の強さ」というのはウソではなかった。それはドラッグ自体の強さではなく、アヤワスカが教えてくれる知恵の深さだった。街なかに出回るレクレーショナル・ドラッグとはまったくの別物だ。決してアヤワスカを遊び半分でやってはいけない。最悪の結果を招く可能性もあるし、深いヴィジョンに降りていけない。

アヤワスカの秘密……もうひとつの現実……命の不平等さ……精霊……すべての謎が解けたような壮快感が胸いっぱいに満ちていた。世界を変えるには、テロも革命もいらない。憎しみは愛に、嫌悪は感謝に気づく気持ちをとりもどせばいい。必要なのは一時的な革命じゃなく、新しい意識レベルへの進化だ。

僕たちは永遠の宇宙を旅しつづける崇高な魂——星の子どもだ。

今ここに生きている。それはとてつもない奇跡なんだ。アヤワスカは、それを実感として教えてくれる。大切なのはこの実感だ。僕だってこんな話を人から聞かされたって、うざったい説教にしか聞こえない。

夢見る力《ビジョン》を信じることだ。

もし君が夢を失ったら、安直な新興宗教にハマったり、他人に刃を振り上げたり、自らの命を絶ったりするまえに――突拍子もない意見に聞こえるのはわかっているが、あえて言わせてほしい――。

アマゾンに来ればいい。

圧倒的な緑に染まればいい。

アヤワスカにたずねればいい。

最初にシャーマンの言った意味が、完全に納得できた。

「本当に、アヤワスカの秘密を知りたいのなら……アマゾンに来なさい」と。


一九九九年十二月三十一日。待望のミレニアム・カウントダウンだ。

「あの歯医者親子には大助かりだよ。歯科道具を息子がもってきていて、みんなを無料で治療してくれるんだ。サン・ミゲル以来すっかり人間が変わった頑固おやじも、車椅子に乗りながら元気にアシスタントをしてるしね」

医師ダニエルはポリタンクに入ったアヤワスカをジョゼについだ。たった二部屋しかない診療所の窓から、夕日の斜光がグラスのふちに踊る。一気に飲み干したジョゼは妻の体を支え起こし、妊婦ロサマリアにも飲ませる。新生児を取り上げなくてはいけない医師・ダニエルも飲んだ。あっけにとられている僕にダニエルが説明してくれる。

「アヤワスカは分娩をうながし、出産を楽にしてくれるんだ。なにより千差万別の出産にどう対処していいか精霊が教えてくれる。こうしてたくさんの赤ちゃんを取りあげてきたが、何度も難産を助けてもらったよ。産まれてきた赤ちゃんの唇にアヤワスカを塗る。アヤワスカを飲んで育った子どもは内臓が丈夫だし、とても思いやりがあるんだ」

そういえば合成幻覚剤ＬＳＤが麦角から偶然発見されたのも、子宮収縮による陣痛促進剤の研究中だったな。ダニエルはポンプ式の古い血圧計がしめす数値に顔をしかめた。

「百八十か、タンパク尿も出てるかもしれない。前回の妊娠中毒症が再発したようだ。腎臓機能が低下しているし、胎児に発育障害や脳性の障害が起こる危険もある」

ロサマリアが中空に伸ばした手をジョゼがしっかりと受けとめた。

「先生、この子を最後にするって決めたんです。お願いですから、じょうぶな赤ちゃんを授けてください」

「おいおい、わたしにお願いしてもだめだ。難産になりそうだが、アヤワスカの導きを信頼するしかない。今晩はみんなからも最強の祈りが届くはずだ」

時計を見ると夕方六時を少し回っていた。

「僕も教会から祈ってるよ」

ロサマリアの汗ばんだ手の甲にキスし、ジョゼのクルミでも割れそうな握手に飛び上がった。アヤワスカ造りで破れたマメを忘れていたんだ。僕はせつないくらいに胸をときめかせて教会へと走った。

教会の中央にすえられた星型のテーブルのまわりでギターをもったミュージシャンたちが音合

わせをしている。みんなは長い列をつくってアヤワスカを飲みに行く。この日のためにつくられた極上品だ。今まで飲んだどれよりおいしく感じた。子どもたちも顔をしかめてしっかり飲む。サン・ミゲルとちがって歌と踊りの儀式《イナリオ》なので椅子はない。男女、既婚者、身長順に立ってならぶと教会が満杯になる。

　歌がはじまった。

　スコールのような女性コーラスが湧き上がり、全員が歌いだす。ダイミー教会の聖歌《イーノ》は、ヨーロッパの讃美歌やアフリカ音楽にも似ているが、なにかとてもなつかしい響きをもっている。

シャッシャッシャッシャッシャッシャッシャッシャッシャ。

　数百人が振るマラカスの音が教会の屋根を振動させ、全員を共振現象《シンクロニゼーション》へと引きこんでいく。ひとつの歌が終わると、すかさずつぎの歌がはじまる。聴いたこともない讃美歌《イーノ》が自然に僕の口をついて出てくる。ポルトガル語の歌詞などまるっきりわからないはずなのに、みんなが歌うメロディーをリアルタイムで歌っている自分に驚く。

　宇宙樹を囲んだ螺旋が、回転しはじめる。踊り自体は単純なツーステップだ。右へ二歩、左へ二歩、人間の輪がゼンマイを巻くように波打つ。

　ふと、インドの神話「乳海攪拌《にゅうかいかくはん》」を思い出す。魔神ドゥルヴァーラから呪いを受けた神々はヴィシュヌに助けを求める。世界の中軸となるマンダラ山に巻きつけた蛇を引っぱり合い、乳の海をかき混ぜた。そこから不死の霊薬が現れ、神々は霊薬を飲むことによって世界を再創造する。まさにこれは、アヤワスカじゃないか。

肉体という衣装を透かして、それぞれに宿る火が観える。待てよ、この風景どこかで見たことあるぞ。そんな確信がよぎると、怒濤となって無意識が流れこんできた。

「われわれは勇者だ。この密林よりも危険で神秘に満ちた精神の最深部を探検する冒険者だ。われわれがここに集まったのは偶然ではない。さまざまな年齢、職業、国籍、宗教、人種、個を超えて、もう何万年も前からくりかえし生まれ変わり、あらゆる時代にこうして集ってきた。植物王国《ヴェジタブル・キングダム》の使者アヤワスカは人間界と植物界を和解させるためにわれわれを呼んだのだ」

とてつもない混沌にさらわれていくのを必死にくい止め、踊りつづけなくてはならない。このジレンマに比べれば、ハンモックでぶらぶらしていた森の断食など足もとにもおよばなかった。ペルーのシャーマンたちが幻覚の段階で満足しているのに対し、サント・ダイミー教会はさらにそのうえのレベルを追求する。

「知覚を全開にしたまま、覚醒せよ！」

サン・ミゲルですべての答えを教わった気になっていたのに、さらにその上を行けというのか。無数の芸術家、文学者、音楽家、哲学者、科学者、そして僕が、この旅で追い求めてきた「意識の変容《アルタード・ステイツ》」。

それさえも超えていこうとする。

幻覚に酔うだけでは進化は起きない、覚醒したままでは進化の方向《ベクトル》を誤る。現代文明は地球を道連れに集団自殺の一歩手前まできている。幻覚と覚醒、狂気と理性、破壊と創造、右脳と左脳、蛇と天使、シャーマニズムとテクノロジー。この敵同士がファックすることによって、まったく新しいエクスタシーに達する。「全体性の復権《アルカイツク・リバイバル》」「統合された意識《トータル・コンシャスネス》」「宇宙的覚醒《コズミック・バース》」、そんなもったいぶった言葉なんかいらない。

愛せ、愛せ、愛せ、すべてを愛しつくしてしまえ。

許せ、許せ、許せ、すべてを許しつくしてしまえ。

新しい時代へのカウントダウンがはじまった。

千人の歌声がひとつになって、人間界と植物界の和解を願う。

踊りがひとつになって、来たる千年紀が新しい意識へ進化するよう祈る。

すべての人々に眠る真実が
今　開かれていく
高く　高く　高く　昇ってゆけ
満ちあふれる喜びとともに
高く　高く　高く　昇ってゆけ
聖なる光にとどくまで

夕方六時にはじまったセッションが、朝の七時に終わった。十三時間も僕たちは踊りつづけていたわけだ。大いなるトラバーヨ（仕事）を成し遂げた喜びに教会が揺れる。

「オブリガード《ありがとう》！」

みんなが家族のごとく抱き合う。誰彼かまわず握手を交わすが、もう痛みなど気にならない。

教会の入り口に骨太いシルエットが浮かびあがった。

森が朝日に発光する。

一本一本の木々が、
一枚一枚の葉が、
生まれたての太陽を浴びながら、歓喜に身を震わせている。

「ごらん、ミレニアム・ベイビーだ」

ジョゼの充血した目に虹色の涙膜が煌《きら》めく。

腕のなかには、真っ白いガーゼにくるまれた「命」が眠っていた。

ただ無性にうれしかった。

流産した風《レラ》が、この子に生まれ変わったような気がしたからだ。

こうして命は、
限りなく、限りなく、還りゆき。

限りなく、限りなく、やって来る。


……世界は泣きたいくらいに、美しかった。

終章　おかえり、今ここにある世界へ

全力疾走で出国カウンターをぶち破る！

あわてふためいた係員がトランシーバーで警備員を呼び、追跡《チェイス》がはじまる。搭乗ブリッジへの無機質な廊下にけたたましい足音が響きわたる。息を切らしてふりかえり、警備員が銃をぬいてないのを確認する。

逃げる、逃げる、逃げる。無茶苦茶な捕物劇だ。

「手遅れ《トゥー・レイト》です」

搭乗者控え室のカウンターで、アトランタ航空の職員が首を横にふり、僕は床に大の字になって倒れこんだ。

アヤワスカを密輸しようとしたわけじゃない。午前九時五分発アトランタ航空の帰国便に乗り遅れたのだ。ここは最初に着いたリマのホルヘ・チャベス国際空港。追いついた警備員が荒々しく僕の両腕をつかみ、理由を詰問してくる。

「爆弾テロの犯人とまちがわれたんです」

プカルパから宅急便で荷物をリマに送った。なかには、アマゾンで買いだめした刻みタバコと巻紙、撮りかえしのつかない三十本ものフィルムと、生涯の宝物ドン・パブロから贈られた天使の絵があった。二週間前に着いているはずが、いつになっても届かない。業者に問い合わせたところ、帰国当日、今日の朝には着くという。僕は空港の待合室にバックパックを残し、歩いて十五分ほどの集荷所に行った。朝八時に到着する荷物をくまなく調べても、僕のものはなかった。絶望した。

ペルーで紛失した荷物は、百パーセント日本には届かないだろう。ナスカでこみあげる嘔吐に耐えながら、ダイミー教会で幻覚の嵐と戦いながら、撮りつづけた写真は永遠に失われてしまうんだ。

打ちひしがれながら空港に帰ると、僕のバックパックがない！

盗まれたと思いきや、警察がもっていったという。悪いことはつづくもんだ。空港警察にはいっていくと、僕のバックパックに金属探知器をあてながら慎重に中身を取りだしている最中だった。「持ち主だ」と言ったとたんに両手を上げさせられ、金属探知器でこすりまわされる。ポケットの中身をぬかれ、パスポートが電球に透かされる。

「日本語を話してみろ」

テロ大国ペルーでは一時間も待合室に放っておかれた荷物は、爆弾とみなされるらしい。呼ばれた日系人の警官に話しかける。

「こんにちは、わたしは日本人です。わたしを助けてください」

相手に理解できるよう、簡単な単語を選んでゆっくりと言った。かえってそれが、あだになる。

「彼の日本語は小学生レベルです」

ブチ切れた。

僕は日系人の警官にむかって、日本の陸上自衛隊が誇る六二式七・六二ミリ機関銃を連射した。

「ざけんじゃねえ、おめえ本当に日本語がわかんのか？　おめえらと遊んでる時間なんかねえ。僕の飛行機はあと十五分で出発しちまうんだ。いいか、もし乗り遅れたらおまえの給料から飛行機代をしょっぴかせるぞ！」

帰国便の航空券を警官に突きつける。どこまで僕の日本語が通じたかはわかんないが、警官はバイクで空港のロビーまで送ってくれた。

乗れなかった。

目の前の大ガラスを透かして、僕の帰国便が動きだした。もう一度帰りの飛行機代を払う金など残っていない。

神は、完全に僕を見放した。

アトランタ航空のおねえちゃんが、僕の肩をたたく。僕は泣きじゃくりそうな顔をあげた。最初彼女のスペイン語が理解できなかった。もう一度英語で説明してくれる。

なんと、一円も払わずに明日の同じ便に乗れるという。おねえちゃんどころか、いかつい警備員にまで抱きついて握手を交わした。

しかも一時間遅れで、荷物が届いた。

なんという幸運、なんというドラマチックなハッピーエンドだろう。

しかも僕の乗るはずだった飛行機は視界不良のため、アンデスに激突し、乗客全員が即死。

なんてなったわけじゃないが、あまりにもできすぎている。もしこの飛行機に乗れたら、永遠に大切な荷物を失う。まるでおくれて届いた荷物を受け取らせるために、「爆弾犯人誤認事件」が仕組まれたかのようだった。

幻覚と現実。

その境目がわからなくなるくらい、不思議な旅だった。愚かしい空港での喜劇も、フィナーレをしめくくる悪ふざけだったと思うと、笑えてくる。

「アヤちゃん、最後まで楽しませてくれてありがとう」

翌日、僕は大切な宝物とともに、同じ便に乗った。コットンキャンディーみたいな雲《わたあめ》のすき間から、湾曲した水平線がのぞく。六十億の人間と三千万種の生物を育みながら、奇跡の惑星が呼吸している。

「ぼくたちはみんな、星の子どもなんだから」

火星から見た「地球の出」が鮮やかに蘇る。

ジョゼは最後の子どもを天使《アンジェラ》と名づけた。

「もうひとつの現実」ばかりを求めてきた僕の旅は、

「今ここにある世界」の大切さに気づくためのものだったのかもしれない。

サント・ダイミー教会へのアクセス方法（料金は一九九九年当時のもの）

ブラジル経由：日本―リオデジャネイロまたはサンパウロ（飛行機往復約十五万円。片道十五時間）―リオブランコ（軽飛行機往復約十万円。片道三時間）―ボッカ・ド・アクレ（バス往復たぶん千五百円。片道六時間）―ホテル・フローレスタ（一泊七百五十円）―セウ・ド・マピア（エンジン付きカヌー往復一万〜二万円。片道十〜二十時間）

ペルー経由：日本―リマ（飛行機往復約十二万円。アトランタ航空がいちばん安かったが、アメリカに一泊しなければならない）―プカルパ（軽飛行機往復約一万五千円。片道一時間。時期によって一週間くらい待たなければならない）―クルゼイロ・ド・スール（軽飛行機往復約三万円。片道一時間）―リオブランコ（軽飛行機往復約三万五千円。片道一時間）あとは同じ。

祭は六月と十二月に行なわれるが、ダイミーの儀式はいつ行っても体験できるそうだ。かえって祭をはずした時期に行くほうが、より親密なコミュニケーションがとれるだろう。

（繰り返すが、その国で違法とされているドラッグをやることには反対だ。隠れてこそこそやるドラッグは、バッドトリップをもたらすか、スリルを楽しむ浅いレベルですくいとられてしまう。著者）

特別章　新装復刻版によせて　未公開原稿掲載

人類と植物が和解する時代

「人は生命の布を織らなかった。人はただ、その中の一本の糸にすぎない」

（アメリカ先住民、シアトル長老の言葉）


この本は人間と植物が和解する物語です。

地球を支えているのは人間ではなく、植物の力です。

植物が二酸化炭素を酸素に変え、太陽の光をとりこんで葉や実などの有機物を作り出すことで、僕たちは食べ物を得られます。

地球上の熱帯雨林の半分に相当するアマゾンは、地球の酸素のおよそ二十五パーセントを作り、気候を安定させてきました。

先端科学では、植物に知性、記憶力、情報ネットワーク、未来予知能力まであることがわかってきました。

進化のベクトルが、人類の「支配」に対し、植物のベクトルはつねに「共存」に向けられているのです。

動けない、話せない、無知な生命と思われていた植物の手のひらで、人類はころがされ、守られてきたことがわかってきました。


アヤワスカも古来から病気を治す治療薬としてつかわれてきました。

「病は気から」といわれるように、精神の変容によって病が癒えることをアマゾンの先住民たちは知っていました。

現代はアヤワスカによる精神の変容を求めて精神科医や医療従事者、世界中から一般の人もアマゾンへ行く時代になりました。

現代人は病気の治療よりも精神の変容を求めてアヤワスカのセッションを受けにいきます。

それって、現代人全員が病んでいるからかも？（笑）

おそらく僕たちの無意識は、「人類が向かってるベクトルがちがうんじゃね？」ってことを知っているのかもしれません。

はっきりいうと、人間の未熟な知性で地球を「支配」するのは不可能です。

人類とあらゆる生命が生き延びる選択はひとつ、

「共存」しかありません。

その危機感からアヤワスカがこれだけポピュラーになってきたのかもしれません。

「人類と植物が和解する時代」がやっとやってきたと感じています。

僕は四十年間、世界中のシャーマンを訪ね、「共存」の知恵を学んできました。

僕は一九九九年から二〇〇〇年にかけて、幻覚植物アヤワスカを求めてペルー、ブラジルを旅しました。

その旅を描いたノンフィクション『アヤワスカ!』が二〇〇一年講談社から発売されます。

この本を書いた二十五年前はほとんどの人がアヤワスカを知りませんでしたが、アヤワスカそのものよりも、スリリングな旅行記としてさまざまなマスコミに取り上げられました。

しかし二〇〇八年、アヤワスカを飲んだ男性が大阪の個室ビデオ店に放火し、十六人が死亡する大事件が起きました。

アヤワスカのことをなにも知らない彼(当時四十七歳)は奈良県内でサント・ダイミー教会の儀式に参加し、儀式後「こんなに幸せな気分になれたのは初めてです」と礼を言っていたと、サンケイ新聞 (二〇〇八年十月十五日) の記事に書かれていました。

http://dailycult.blogspot.com/2009/08/blog-post_18.html

僕以外にアヤワスカの情報がないので、週刊誌などからインタビューや質問の電話があいつぎました。

彼らの目的はいかにアヤワスカが人間を狂わす危険なドラッグかを書いていました。

ところが『アヤワスカ！』が絶版になると、どんどん値段が釣り上がり、希少本として十万円の値段がついています。（もちろん作者には一円もはいりません）

僕が二〇〇一年に『アヤワスカ！』を出版した時代は二〇〇五年からテレビ番組が火をつけたスピリチュアルブームのまえで、一九九五年のオウム真理教による地下鉄サリン事件など、「精神世界＝危険地帯」が常識でした。

しかし二十五年の時がたち、一般の人にも精神世界への理解が深まっています。

当時発表できなかったコアな部分を最後に収録したいと思います。

「人の心の最深部には何があるのだろうか？」

禁断の扉

「おまえはここから先へはいってはならない」

僕の目の前には巨大な扉が立ちふさがっていた。

扉のむこうに誰かいるのか？

それとも扉がしゃべったのか？

ブラジルのサント・ダイミー教会本山の一九九九年の大晦日に、世界で最も強力なアヤワスカをビールジョッキで三杯も飲み、禁断の扉の前に立っているのだ。

「おまえは最後の扉だけは開けてはならない」

アマゾン最大のシャーマンであるパブロ・アマリンゴさんも同じことを言っていたな。

現在は画家であるアマリンゴさんはアヤワスカのシャーマン時代に絶大な治療効果が口伝えで広まり、ペルーじゅうから集まった人で長蛇の列が絶えなかった。

「人間の意識は四層のピラミッドでできている。

一層は意識。

二層は個人無意識。

三層は人類無意識。

最後の四層は宇宙無意識だ」

いつもは陽気なアマリンゴさんが深刻な顔で大切なことを教えようとしているのがひしひしと感じられた。

「三層の人類無意識に知恵の井戸はある。

我々シャーマンは知恵の井戸から真理をくみ、人間の言葉で伝えるのが仕事だ」

「じゃあ四層にある宇宙無意識にはなにがあるんですか?」僕は聞いた。

「……なにもない。すべての境界が消え去った空《くう》の世界じゃよ」

悲しい顔でうつむいたアマリンゴさんに、僕は質問を呑みこんだ。

「そこではすべての境界線が消える。

私とあなた、喜びと悲しみ、生と死の境界さえなくなる。

私の知るシャーマンたちが、四層にある宇宙無意識にいき、生と死の境界を超えて、発狂したり、川で溺れ死んだり、自らナイフを刺して自死したりするのを見てきた。

AKIRA、きみには私が死んだ後も引き継いでもらう大きな役割がある。

だからくれぐれも最後の扉だけは開けるな！」


扉からまた声が聞こえた。

「帰れ。人間はこの幸福にたえられない」

はあ？　なに言ってんの。

人はみんな少しでも幸福になりたくて日々がんばっているのに、「幸福に耐えられない」って、どういうことだ？

「僕は四十年間、人間の意識の正体を知りたくて、一〇〇ヵ国を旅してきました。ここで死んでもかまいません。もっとも底辺にある人間の正体が知りたいんです！」

巨大な扉が一ミリ開くと、一本の光線が僕の体をスキャンする。

何者かが僕の一生を解析して、最後の扉を開けるかどうか迷っていると感じた。

すると鈍いきしみを立てて、巨大扉がゆっくりと開いていった。

うっ、まぶしい！

ドアが開くにつれ、強烈な光が僕を包んでいく。

僕は死を覚悟して、扉のむこうへ飛びこんだ！

そこにはなにがあったのか？

答えは、「なにもない世界」があった。

「空《くう》」でありながら、すべてに満たされている世界、死を超えるようなとてつもない幸福感！

自我も世界も人間も植物も喜びも悲しみもすべてが溶け合い、「至福の無」へ還っていく。

この至高体験を言葉で表現するのは不可能だが、どうしても言葉で表現しろと言われたら……

「愛」だった。

「愛」はすべての創造の源であり、愛しさ、喜び、楽しさ、自己犠牲、孤独、悲しみ、むなしさ、怒り、自尊心や他尊心、ありとあらゆる感情を生み出し、行動させる意思、意識も無意識もふくめた心という器もまた愛。

花や鳥や動物や僕たちの細胞を入れ替え、血液を流し、生命という形を与える力、その原理そのものも愛だ。

僕たちをときにどん底に突き落とし、まちがわせ、もう一度正しい道に連れもどす、その導き手も愛。

あなたがさまざまな試練を乗り越え、人々に支えられ、成長していくプロセス、つまり人生という舞台も脚本も演出家も愛である。

雷光のようにひらめくインスピレーション、陶酔するようなヴィジョン、思いもつかない発見や発明、むこう側から降りてくる美しいメロディー、人々に生きる力を呼び覚ます普遍的な智慧と言葉、それもまた愛だ。

恋は奪うものだけど、愛とは与えつくすもの。

自分の望むものじゃなく、相手の望みを優先させる、執着と独占の対極にあるもの。

抱き合いつづけることよりも、同じ太陽にむかって歩くこと。

その人のために世界を失っても、世界のためにその人を失わない勇気。

あなたがこの世に生まれてきた最大の理由、この世で学べる最高の智慧《ちえ》。

愚かしさや矛盾、狡猾《こうかつ》さや残酷さもまた愛。

この世で起こるすべてを受け止めて、人間をあなた自身を許すこと、それも愛。

この世にあるすべてのものを存在せしめるルールと意思、それが愛。

それらが導くあなたの運命は、ときに不条理で、ときに過酷で、涙しながら天を恨むこともあるだろう。

あなたは幸せになるために生まれてきたのではない。

魂を成長させるために生まれてきたのだ。

誰にも、人生のどの瞬間にも、ベストのことしか起こらない。

それは幸せになるためのベストではなく、魂を成長させるためのベストだ。

波乱に満ちた成長物語であるあなたの人生そのもの。

愛とはすべてだ。

これを知れば、あなたはもうなにかになる必要はなくなる。

なぜならあなたも、愛そのものなのだから。

意識をとりもどしたとき……僕は生きていた！

サント・ダイミー教会の介護室で医師ダニエルが付き添っていた。

「お、やっとお目ざめか？　夜明け前に失神したきみは椅子から崩れ落ちた。しかし介護室に運ばれるきみはじつに幸せそうな顔をしていたよ」

窓から差しこむ朝日に樹木たちがきらめき、世界は命に満ちあふれていた。

その日から僕の世界の見え方が変わってしまった。

五歳の僕を捨てた母も、酒乱だった父も、僕を批判する人も、裏切る人も、自分や他人の愚かさすべて……

人間が憎めなくなった。

「人間の正体」は「愛」だと気づいたからだ。

二〇二四年クリスマスのスリランカより愛をこめて

ＡＫＩＲＡ

参考文献

『アヤワスカ』藤本みどり、成星出版
『マジカル・ハーブ』永武ひかる、第三書館
『アマゾン漢方』永武ひかる、NTT出版
『アマゾン、インディオからの伝言』南研子、ほんの木
『シャーマンの弟子になった民族植物学者の話』上・下　マーク・プロトキン、屋代通子訳、築地書館
『熱帯雨林の死』アンドリュー・レヴキン、矢沢聖子訳、早川書房
『麻薬・脳・文明』大木幸介、光文社
『幻覚世界の真実』テレンス・マッケナ、京堂健訳、第三書館
『神々の糧』テレンス・マッケナ、小山田義文・中村功訳、第三書館
『太陽と月の結婚』アンドルー・ワイル、上野圭一訳、日本教文社
『ナチュラル・マインド』アンドルー・ワイル、名谷一郎訳、草思社
『チョコレートからヘロインまで』アンドルー・ワイル、ウィニフレッド・ローセン、ハミルトン遥子訳、第三書館
『ドラッグ・シャーマニズム』ジム・デコーン、竹田純子・高城恭子訳、青弓社
『ナチュラル・ハイ』上野圭一、ちくま文庫
『神経政治学』ティモシー・リアリー、山形浩生訳、トレヴィル
『バイオ・コンピューターとLSD』ジョン・C・リリイ、菅靖彦訳、リブロポート

『知覚の扉』オルダス・レオナルド・ハクスリー、河村錠一郎訳、平凡社
『陶酔論』ヴァルター・ベンヤミン、飯吉光夫訳、晶文社
『サイケデリック神秘学』ロバート・A・ウィルソン、浜野アキオ訳、ペヨトル工房
『未知の次元』カルロス・カスタネダ、名谷一郎訳、講談社学術文庫
『麻薬書簡』ウィリアム・バロウズ、アレン・ギンズバーグ、飯田隆昭・諏訪優訳、思潮社
『アルクトゥルスへの旅』デイヴィッド・リンゼイ、荒俣宏訳、国書刊行会
『Forest of Visions』ALEX POLARI DE ALVERGA, Park Street Press
『Plants of The Gods 』RICHARD EVANS SCHULTES, ALBERT HOFMANN, Healing Arts Press
『アマゾンの呪術師』パブロ・アマリンゴ語り、永武ひかる訳、地湧社
『聖なる量子力学9つの旅』アラン・フレッド・ウルフ、小沢元彦訳、徳間書店
『シャーマンへの道』マイケル・ハーナー、吉福伸逸監修、高岡よし子訳、平河出版社
『ローリング・サンダー』ダグラス・ボイド、北山耕平・谷山大樹訳、平河出版社
『豊饒と再生』ミルチャ・エリアーデ、せりか書房
『シャーマニズム』佐々木宏幹、中公新書
『自己発見の冒険』スタニスラフ・グロフ、平河出版社
『精神と自然』グレゴリー・ベイトソン、佐藤良明訳、新思索社
『意識の中心』ジョン・C・リリイ、平河出版社
『暗黙知の次元』マイケル・ポラニー、佐藤敬三訳、紀伊国屋書店
『植物の神秘生活』ピーター・トムプキンズ、クリストファー・バード、新井昭廣訳、工作舎

『グーテンベルクの銀河系』マーシャル・マクルーハン、森常治訳、みすず書房
『超・自然学』ローレンス・ブレア、菅靖彦訳、平河出版社
『癒す心、治る力』アンドルー・ワイル、上野圭一訳、角川文庫
『なぜそれは起こるのか』喰代栄一、サンマーク出版
『宇宙意識への接近』河合隼雄・吉福伸逸共編、春秋社
『トランスパーソナル・セラピー入門』吉福伸逸、平河出版社

AKIRA（杉山 明）

1959年栃木県日光市生まれ。

1986年アンディ・ウォーホルから奨学金を得て、NY アカデミー・オブ・アートに入学。ニューヨーク、アテネ、フィレンツェ、マドリードで美術作品を制作し、ヨーロッパ、アジア、アフリカ、中東を放浪した。世界100カ国を旅し、小説家、画家、ミュージシャンなど、「日本が生み、世界が育てた21世紀のダ・ヴィンチ」と呼ばれるマルチアーティスト。

主な著作に『アジアに落ちる』『風の子レラ』『神の肉』『ケチャップ』『おてんとうさまはみている』がある。

初作の自伝小説『COTTON 100%』は2025年３月に新装復刻版としてヒカルランドより４度目の復刊を果たす。

ホームページ　http://www.akiramania.com
E-MAIL　akiramaniacom@yahoo.co.jp

YouTube チャンネル「歌う画家 AKIRA の天の邪鬼 TV」

［新装復刻版］アヤワスカ！
人類と植物が和解する世界

第一刷 2025年3月31日

著者 AKIRA

発行人 石井健資

発行所 株式会社ヒカルランド

〒162-0821 東京都新宿区津久戸町3-11 TH1ビル6F

電話 03-6265-0852 ファックス 03-6265-0853

http://www.hikaruland.co.jp info@hikaruland.co.jp

振替 00180-8-496587

本文・カバー・製本 中央精版印刷株式会社

DTP 株式会社キャップス

編集担当 岡部智子

ISBN978-4-86742-477-3

2日目

瞑想ライブ（ワークショップ）新作「アヤワスカ」

参加者は床にねころんでAKIRAの弾き語りに身をゆだねるだけ。過去３回の開催とも号泣者続出、深い体験が人気のワークショップ型瞑想ライブ。台本はAKIRAによる書き下ろし新作「アヤワスカ」、音源はTV番組楽曲も手がけるシャーマンriyo(shamanriyo)提供の予定！

日時 2025年4月6日（日）
開場 13：30　開演 14：00～17：00

定員 30名　　**料金** 10,000円

場所 イッテルスタジオ（ヒカルランド本社1F）

2DAYs 通しチケット	料金 15,000円

お問い合わせ

ヒカルランドパーク
〒162-0821 東京都新宿区津久戸町3-11 飯田橋TH1ビル7F
JR飯田橋駅東口または地下鉄B1出口（徒歩10分弱）
TEL：03-5225-2671（平日11時～17時）
メール：info@hikarulandpark.jp
HP：https://www.hikaruland.co.jp/
※ホームページからも予約&購入できます。
Xアカウント:@hikarulandpark

みらくる出帆社
ヒカルランドの

ITTERU BOOKS

イッテル本屋

ヒカルランドの本がズラリと勢揃い！

みらくる出帆社ヒカルランドの本屋、その名も【イッテル本屋】手に取ってみてみたかった、あの本、この本。ヒカルランド以外の本はありませんが、ヒカルランドの本ならほぼ揃っています。本を読んで、ゆっくりお過ごしいただけるように、椅子のご用意もございます。ぜひ、ヒカルランドの本をじっくりとお楽しみください。

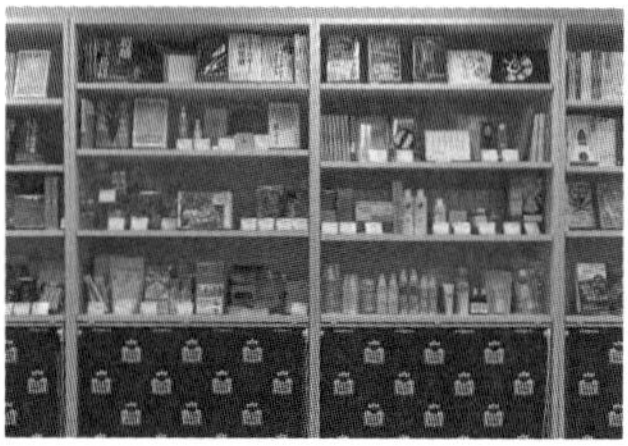

ネットやハピハピ Hi-Ringo で気になったあの商品…お手に取って、そのエネルギーや感覚を味わってみてください。気になった本は、野草茶を飲みながらゆっくり読んでみてくださいね。

〒162-0821 東京都新宿区津久戸町3-11 飯田橋 TH1ビル7F　イッテル本屋

ヒカルランド　好評既刊！

地上の星☆ヒカルランド　銀河より届く愛と叡智の宅配便

「あなた」という存在は
「無限大の可能性」である
著者：ヒカルランド編集部
四六ソフト　本体2,000円+税

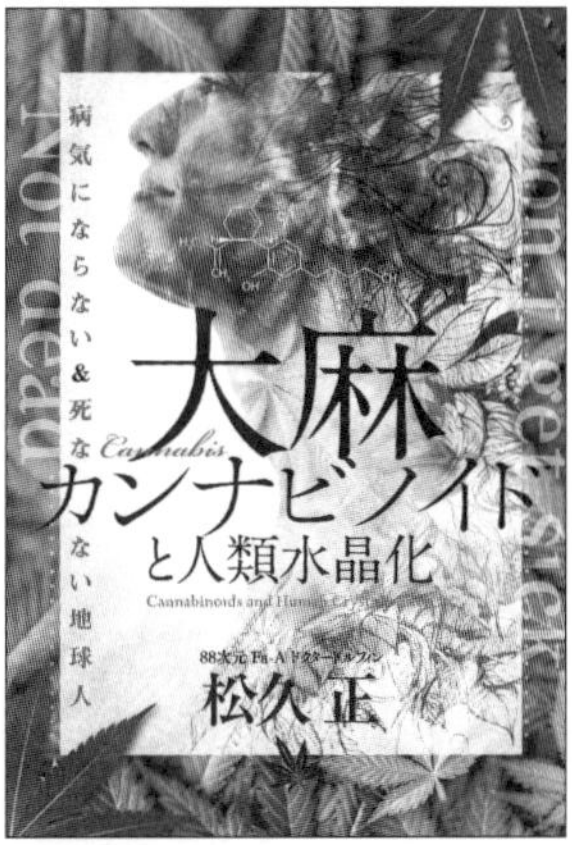

大麻カンナビノイドと人類水晶化
著者：松久 正
四六ハード　本体2,000円+税

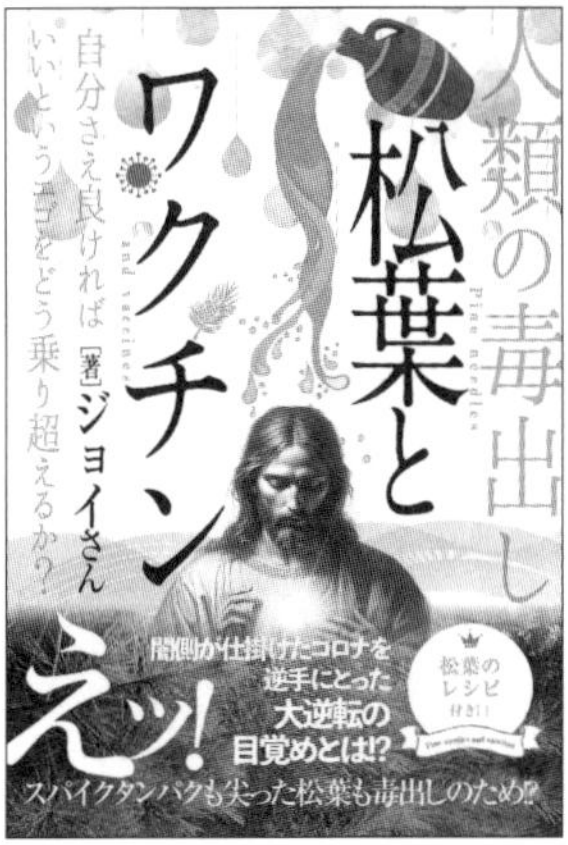

松葉とワクチン
著者：ジョイさん
四六ソフト　本体2,200円+税

[新装改訂版］野草を宝物に
著者：小釣はるよ
四六ソフト　本体2,000円+税

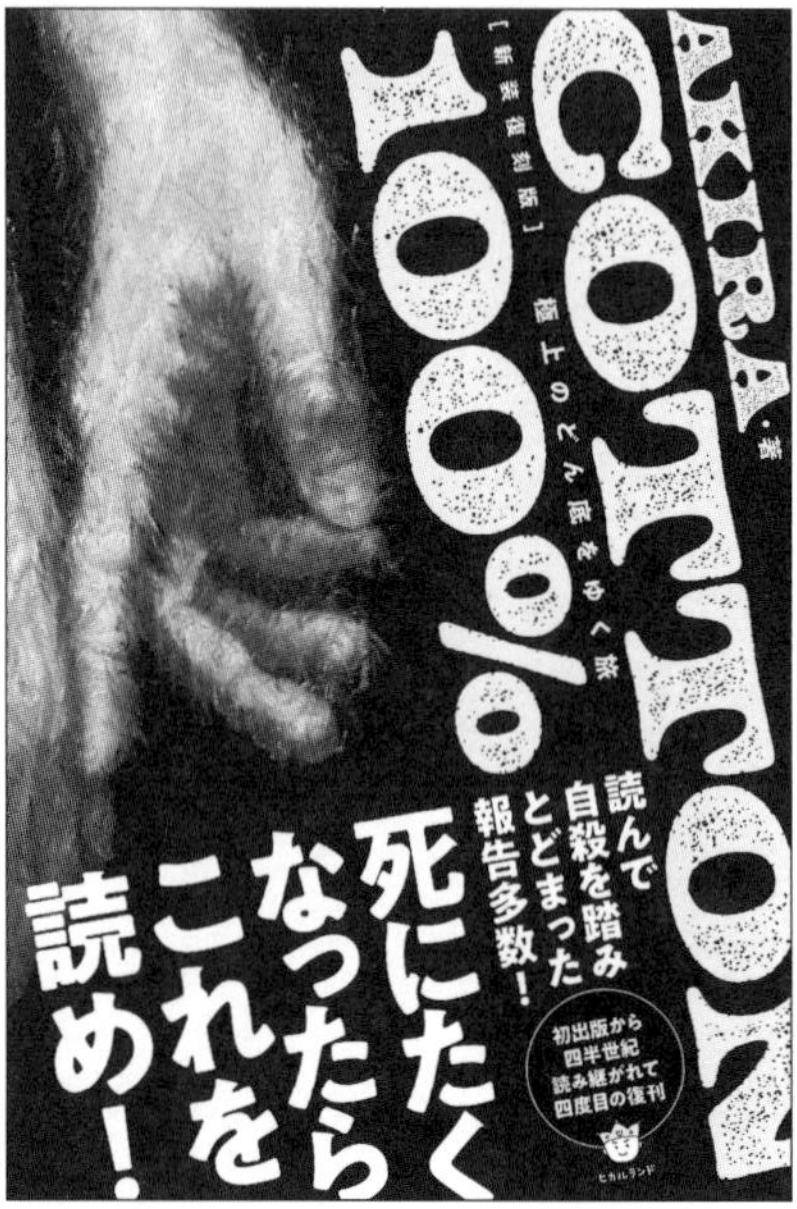

[新装復刻版] COTTON100%
著者：AKIRA
四六ソフト　本体2,000円+税

初出版から四半世紀、読み継がれて四度目の復刊！

「なんでそんな長い間読み継がれるの？」ときみは聞くだろうな。命が元気になるからだ！「19歳のクライアントは３回も自殺未遂をして、わたしはさじを投げました。もうわたしにできる治療はなにもないから、これでも読みなさいって『COTTON 100%』をわたしたんです。その子は徹夜で翌日まで３回連続で読み返したそうです。そしたら自殺願望がピタっと止まったんです！　今では元気にバイトしていますよ」読んで自殺を踏みとどまった報告多数！　死にたくなったらこれを読め！　80年代アメリカの最底辺をヒッチハイクで駆け抜ける！　大傑作ロードビートノベル